Por Favor Nanny

Please Make Dinner

Heather Talbert, Catherine Chastain, Jennifer Kearns

Illustrations by J. Michael Stovall

Por Favor Nanny
Please Make Dinner
The first bilingual cookbook for Spanish and English speaking nannies.

www.porfavornanny.com

Library of Congress Control Number:
001642920

ISBN 13: 978-0-9832880-0-8
ISBN 10: 0-9832880-0-3

Published by Willard St. Publishers
Printing in the United States of America
First printing: 2011

Authors: Heather Talbert, Catherine Chastain and Jennifer Kearns
Cover Design: J. Michael Stovall

Categories: cookbook--Spanish recipes--English recipes--nanny--childcare

This book is available at special sales discounts for bulk purchases as premiums or special sales. For more information, e-mail: info@porfavornanny.com.

All websites were validated August, 2011.

about the authors

We are three busy moms who are raising our families in Houston, Texas. Like most mothers, creating healthy meals at home while juggling the busy schedules of our families can be very time consuming.

Some of the wonderful women who care for our children and style our homes with their impeccable tidiness speak a different language. Because of this language gap, asking for help in the kitchen is difficult. So, we created a Spanish and English cookbook, *Por Favor Nanny, Please Make Dinner*. Our book includes traditional American recipes that are delicious and easy to prepare.

What began as a cookbook evolved into a network of resources for new cooks, mothers, fathers, nannies, housekeepers and all other caregivers who work hard to put dinner on the table each night. Our hope is that *Por Favor Nanny, Please Make Dinner* and porfavornanny.com help create a more relaxed and balanced home for your active family.

enjoy!
jennifer, heather and catherine

Dear Nanny,

We wrote this cookbook for busy parents who need a little help preparing meals for their families. We discovered that many times parents don't ask for your help in the kitchen because they do not speak the same language.

Por Favor Nanny, Please Make Dinner was created with traditional American recipes that can be easily prepared. This cookbook has recipes, measuring charts and basic phrases written in Spanish and English to make cooking easier for everyone.

Please take some time to look through this book. Don't be nervous...these are simple and basic recipes! The more you cook, the easier it will get. This family will be very appreciative and excited about the fabulous new recipes that you have prepared for them.

From the Authors,
Señora Heather, Señora Catherine, and Señora Jennifer

Estimada nanny,

Hemos escrito este libro de cocina para padres de familia que se encuentran muy ocupados y necesitan un poco de ayuda en preparar la comida para sus familias. Descubrimos que muchas veces, ellos no preguntan por este tipo de ayuda por que no hablan la misma idioma.

Por Favor Nanny, Please Make Dinner es un libro que tiene recetas tradicionales de los Estados Unidos y que se pueden preparar con mucha facilidad. Contiene recetas, tablas de medidas y frases básicas escritas en español e ingles para que sea mas fácil comunicarse entre todos.

Toma un momento para mirar las paginas de este libro. ¡No tengas miedo... estas recetas son simples y básicas! Mientras mas cocinas más fácil será. Sus recetas nuevas y la comida que ha preparado será muy apreciado por la familia.

Los autores,
Señora Heather, Señora Catherine, y Señora Jennifer

Tips for helping your nanny get started in the kitchen:

It can be difficult asking nannies to help in the kitchen. You may not be able to communicate what you need and it's hard to know where to begin. We have done some research, observed several nannies cooking meals and talked to families whose nannies cook for them.
Here are some of their suggestions:

1. Start slowly. Have your nanny look through the cookbook first to see everything it has to offer. Ask her to please try one of the recipes the next time she comes to work. "Tomorrow (or next week), I would like for you to cook with me." Translation: "Mañana (o la próxima semana), me gustaría que empieces a cocinar conmigo."
2. Start with the basics until she feels comfortable in your kitchen.
    *   Clean and cut fruit and vegetables for salads and snacks.
    *   Boil and shred chicken breasts to use in recipes throughout the week.
    *   Boil pasta for a meal or snacks during the week.
3. Have her prepare a meal with you the first few times. Set out the recipe and all of the ingredients before you start so she is familiar with the basic ingredients and where you store them.
4. Let her try some recipes by herself. Designate a specific time each day that you would like for her to cook. Would you like her to cook when she first arrives or at the end of the day?
5. Buy a set of plastic measuring spoons and write the Spanish translation on them with a permanent marker. Spanish/English measuring charts can be found in this book or on our website www. porfavornanny.com.
6. Continue to put the ingredients out until she's made the meal a few times. Relax and let her cook.
7. Give her tips or encouragement when needed. Tell her you appreciate her efforts and let her know what you think of the meal she has prepared.
8. Finally...try to learn some simple phrases in Spanish! Several can be found on our website www.porfavornanny.com.

Consejos para ayudarle a su nanny entrar a la cocina:

Puede ser difícil pedirle ayuda a su nanny en la cocina. A lo mejor no puede comunicar lo que usted necesita y es difícil saber dónde comenzar. Hemos investigado, hemos observado varias nannies que cocinan y hemos hablado con muchas familias que tienen la bendición de tener a alguien cocinar para ellos.

Aquí están algunas de las sugerencias:

1. Empezar despacio. Darle a su nanny la oportunidad de revisar este libro y todo lo que tiene que ofrecer en estas páginas. Pedirla que intenta uno de las recetas la próxima vez que ella viene a trabajar. "Mañana (o la semana próxima), quisiera que usted cocine conmigo." Traducción: "Tomorrow (or next week), I would like for you to cook with me."

2. Comenzar con los fundamentos hasta que ella se siente cómoda en su cocina.
   - Lavar y cortar la fruta y los vegetales para las ensaladas y los bocaditos.
   - Cocer en agua hirviendo y desmenuzar las pechugas de pollo para utilizar en platos durante la semana.
   - Cocer la pasta para una receta o para bocaditos durante la semana.

3. Haga que ella prepare una comida con usted los primeros tiempos. Dejar la receta y todos los ingredientes afuera a su vista antes de que ella comience. De esta manera, ella puede tomar su tiempo para familiarizarse con su cocina y donde usted guarda las cosas.

4. Dejar intentar algunas recetas sola. Designar un tiempo específico cada día que usted quisiera que ella cocinara. ¿Desea que ella empieza a cocinar cuando primero llega o el final del día?

5. Comprar un sistema de cucharas de medidas plásticas y escriba la traducción en español en ellas con un marcador permanente. La traducción se puede encontrar en nuestro website www.porfavornanny.com o en este libro.

6. Continuar de poner los ingredientes afuera hasta que ella ha preparado la comida algunas veces. Relájese y deje que ella cocine.

7. Dar consejos o el estímulo cuando es necesario. Dígale que usted le aprecia sus esfuerzos y déjela saber lo que usted piensa sobre lo que ella ha preparado.

8. Finalmente… ¡intente aprender algunas frases simples en ingles! Varios se pueden encontrar en nuestro website www.porfavornanny.com.

We dedicate this book to all the wonderful women who care for our children and hold our homes together with their most gentle love. Special thanks to Alma, Baudelia, Bertha, Carmen, Irene, Juana, Karla, Lucy, Marta, Ofelia and Suzana for helping us with our cookbook.

Dedicamos este libro a todas las mujeres maravillosas que cuidan a nuestros niños y que mantienen nuestros hogares con un cariño delicado. Muchísimas gracias a Alma, Baudelia, Bertha, Carmen, Irene, Juana, Karla, Lucy, Marta, Ofelia y Suzana por ayudarnos con este libro de cocina.

contents | contenido

measurements | medidas

1	cup	=	1	taza	=	235	ml
½	cup	=	½	taza	=	120	ml
⅓	cup	=	⅓	taza	=	75	ml
¼	cup	=	¼	taza	=	60	ml
⅛	cup	=	⅛	taza	=	30	ml
1	tablespoon	=	1	cucharada	=	15	ml
½	tablespoon	=	½	cucharada	=	7.5	ml
1	teaspoon	=	1	cucharadita	=	5	ml
½	teaspoon	=	½	cucharadita	=	2.5	ml
⅓	teaspoon	=	⅓	cucharadita	=	1.75	ml
¼	teaspoon	=	¼	cucharadita	=	1.25	ml

breakfast | desayuno

banana muffins 14 | magdalenas de plátano 15

banana smoothie 16 | batido de plátano 17

breakfast casserole 18 | cacerola de desayuno 19

coffee cake 20 | torta de café 21

egg white tacos 22 | claras de huevo con tortillas 23

french toast 24 | tostadas de pan francés envueltos en huevo 25

ham & cheese quiche 26 | quiche de jamón y queso 27

ham & swiss cheese omelet 28 | omelete de jamón y queso suizo 29

hard boiled eggs 30| huevos duros 31

hot ham & egg sandwich 32 | sándwich caliente de jamón y queso 33

pigs in a blanket 34 | salchichas enrolladas 35

pumpkin spice muffins 36 | magdalenas de calabaza 37

scrambled eggs 38 | huevos revueltos 39

banana muffins

makes 24 muffins

2½ cups flour
1 teaspoon baking soda
½ teaspoon baking powder
¼ teaspoon salt
2 cups sugar
½ cup shortening
1 egg, beaten
3 ripe bananas, mashed
½ cup + 2 tablespoons buttermilk
1 cup chopped pecans (optional)

1. In a large bowl, mix flour, baking soda, baking powder and salt; set aside.
2. In a mixing bowl, cream sugar, shortening and egg until fluffy.
3. Beat in mashed bananas.
4. Stir in flour mixture, buttermilk, and pecans until well blended.
5. Spray a muffin tin with cooking spray and pour mixture equally into each muffin tin.
6. Bake at 350° F for 30 minutes until brown on top. Muffins are fully cooked when an inserted toothpick comes out clean.

tip
Serve with fresh fruit.

To make bread instead of muffins, pour into a large greased and floured loaf pan.
Bake at 350° F for 55-60 minutes. Insert toothpick into center of loaf to make sure it comes out clean.

www.porfavornanny.com

magdalenas de plátano

rinde 24 magdalenas

2½ tazas de harina
1 cucharadita de bicarbonato de sodio
½ cucharadita de polvo de hornear
¼ de cucharadita de sal
2 tazas de azúcar
½ taza de manteca vegetal
1 huevo batido
3 plátanos maduros, aplastados
½ taza de suero de leche + 2 cucharadas de suero de leche
1 taza de nueces pecan, picados (opcional)

1. En un tazón grande, mezclar la harina, el bicarbonato de sodio, el polvo de hornear y la sal; separar a un lado.
2. En un tazón, batir el azúcar, la manteca y el huevo hasta que esté espumoso.
3. Batir los plátanos aplastados.
4. Añadir la mezcla de harina, el suero de leche y las nueces hasta que esté bien mezclado.
5. Rociar un molde para hornear panecillos con aceite rociador y poner la mezcla en cada espacio en porciones iguales.
6. Hornear a 350° F durante 30 minutos hasta que se doren. Para comprobar su término, al insertar un palillo en el centro de la magdalena debe salir limpio.

sugerencia
Servir con fruta fresca.

Para hacer un pan en vez de magdalenas, verter dentro un molde grande de pan engrasado y enharinado. Hornear a 350° F durante 55-60 minutos. Para comprobar su término, al insertar un palillo en el centro del pan debe salir limpio.

banana smoothie

serves 1

1 banana
½ cup frozen unsweetened whole strawberries
½ cup milk
½ cup lowfat vanilla yogurt
½ tablespoon honey

1. Peel and slice banana.
2. In blender, blend all ingredients until creamy.

tip

Substitute 2 tablespoons pineapple juice for honey.

Serve with toast or a bagel and cream cheese.

www.porfavornanny.com

balido de plátano

rinde 1 porciones

1 plátano
½ taza de fresas congeladas, sin azúcar
½ taza de leche
½ taza de yogur de vainilla descremada
½ cucharada de miel de abeja

1. Pelar y cortar el plátano.
2. En una licuadora, batir los ingredientes hasta que esté cremoso.

sugerencia
Sustituir 2 cucharadas de taza de jugo de piña por la miel de abeja.

Servir con pan tostado o un bagel con queso crema.

breakfast casserole

serves 12

12 slices wheat bread, cubed
1½ pounds sausage, cooked
1½ cups grated cheese
 9 eggs, beaten
1½ cups milk
1½ teaspoons salt
 ¼ teaspoon pepper
 1 teaspoon ground mustard

1. In a greased 13x9-inch casserole dish, layer the bread, sausage and cheese.
2. In a medium bowl, mix remaining ingredients.
3. Pour over casserole and refrigerate for at least 2 hours or overnight, if possible.
4. Bake uncovered at 350˚ F for 25 minutes.

tip
Serve with **coffee cake (page 20)** and fruit salad.

cacerola de desayuno

rinde 12 porciones

12 pedazos de pan integral, cortados en cubos
1½ libras de chorizo frito
1½ tazas de queso rallado
 9 huevos batidos
1½ tazas de leche
1½ cucharaditas de sal
 ¼ de cucharadita de pimienta
 1 cucharadita de mostaza molida

1. En un molde engrasado de 13x9-pulgadas, colocar una capa de pan, una capa de chorizo, y terminar con una capa de queso.
2. En un tazón mediano, mezclar los demás ingredientes.
3. Verter la mezcla sobre el molde y refrigerar lo mínimo 2 horas o durante una noche.
4. Hornear descubierto a 350˚ F durante 25 minutos.

sugerencia
Servir con **torta de café (pagina 21)** y ensalada de fruta.

coffee cake

serves 10

coffee cake ingredients

3 cans (10 biscuits each) refrigerated biscuits

¼ cup sugar

2 tablespoons cinnamon

½ stick butter

¼ cup brown sugar

2 teaspoons water

powdered sugar glaze (optional)

In a small bowl mix:

¾ cup powdered sugar

¼ teaspoon vanilla

4 teaspoons milk

1. Lightly coat Bundt pan with cooking spray.
2. Cut each biscuit dough into quarters.
3. In medium size bowl, combine sugar and cinnamon.
4. Roll biscuit pieces in sugar mixture and drop into pan.
5. In small saucepan, melt butter, brown sugar and water; boil 2 minutes and pour over biscuits.
6. Bake at 350˚ F for 25-30 minutes and remove from pan immediately.
7. Top with powdered sugar glaze, if desired.

tip

Serve with bacon and fruit.

If you do not have a Bundt pan, use a greased 13x9-inch baking dish and only 2 cans (10 biscuits each) refrigerated biscuits.

torta de café

rinde 10 porciones

ingredientes de la torta

3 cilindros de masa de bizcochos listos para hornear (cilindros de 10 bizcochos cada uno), refrigerados

¼ de taza de azúcar

2 cucharadas de canela en polvo

½ barra de mantequilla

¼ de taza de azúcar moreno

2 cucharaditas de agua

glasé de azúcar en polvo (opcional)

En un tazón, mezclar:

¾ de taza de azúcar en polvo

¼ de cucharadita de extracto de vainilla

4 cucharaditas de leche

1. Rociar un molde "Bundt" con aceite rociador.
2. Separar la masa y cortar cada uno en cuatro pedazos.
3. En un tazón mediano, combinar el azúcar y la canela.
4. Sumergir las tiras de pan en la mezcla de azúcar y colocar dentro del molde.
5. En una cacerola pequeña, derretir la mantequilla, el azúcar moreno y el agua; hervir durante 2 minutos y verter sobre los bizcochos.
6. Hornear a 350° F durante 25-30 minutos y sacar del molde inmediatamente.
7. Espolvorear con azúcar en polvo, si desea.

sugerencia

Servir con tocino y fruta.

Si no tiene un molde "Bundt," use un molde de hornear de 13x9-pulgadas engrasado y solo 2 cilindros de masa de bizcochos listos para hornear (cilindros de 10 bizcochos cada uno), refrigerados.

egg white tacos

serves 6

2 cups egg whites* (12 eggs), beaten
6 wheat tortillas
2 tablespoons picante sauce

1. Coat a small skillet with cooking spray and heat to a medium temperature.
2. Pour egg whites into skillet and cook, stirring constantly, until they reach desired consistency.
3. Heat tortillas in microwave for 20 seconds.
4. Fill each tortilla with egg whites and top with picante sauce.

tip
For a good lowfat breakfast, serve with cantaloupe and cottage cheese.

*egg whites
1. Crack an egg and pass the egg between the two egg shell halves until the egg white falls into a bowl.
2. Discard yolk.

time saver:
*Buy a carton of egg whites in the refrigerated section of the grocery store.

claras de huevo con tortillas

rinde 6 porciones

2 tazas de claras de huevo* (12 huevos), batidos
6 tortillas de trigo integral
2 cucharadas de salsa picante

1. Rociar una sartén pequeña con aceite rociador y calentar a fuego lento.
2. Verter los huevos dentro del sartén y mezclar continuamente hasta llagar a la consistencia deseada.
3. Calentar las tortillas en el microondas durante 20 segundos.
4. Rellenar cada tortilla con la mezcla de huevo cocido y verter la salsa picante sobre la tortilla.

sugerencia
Bueno para una dieta bajo en calorías; servir de inmediato con melón y queso "cottage cheese."

*blancas de huevo
1. Quebrar un huevo y voltear entre las dos mitades de huevo hasta que la clara se caiga dentro de un tazón.
2. Desechar la yema.

para ahorrar tiempo:
*Comprar un cartón de claras de huevo. Se las encuentra en la parte refrigerada de la tienda.

french toast

serves 4

2 eggs
½ cup milk
¼ teaspoon ground cinnamon
1 teaspoon vanilla extract
8 thick slices white bread
maple syrup

1. In an 8x8-inch baking dish, beat eggs, milk, cinnamon, vanilla; set aside.
2. Coat a skillet with cooking spray and heat to a medium temperature.
3. Dip each side of the bread in egg mixture until thoroughly coated.
4. Cook bread on skillet until both sides are lightly browned and crisp, about 2-3 minutes on each side.
5. Top with warm maple syrup.

tip

Serve with sausage patties or links.

Try using white bread that has been frozen so it won't fall apart as easily.

tostadas de pan francés envueltos en huevo

rinde 4 porciones

2 huevos
½ taza de leche
¼ de cucharadita de canela en polvo
1 cucharadita de extracto de vainilla
8 pedazos de pan blanco
almíbar sabor "maple"

1. En un recipiente de 8x8-pulgadas y poco profundo, batir los huevos, la leche, la canela, el extracto de vainilla; separar a un lado.
2. Rociar una sartén con aceite rociador y calentar a fuego mediano.
3. Bañar rodajas en la mezcla de huevo hasta que estén totalmente cubiertas.
4. Freír hasta que esté dorado de lado a lado, aproximadamente 2-3 minutos a cada lado.
5. Servir con almíbar caliente.

sugerencia
Servir con chorizo.

Es mejor usar pan congelado para sumergir dentro de la mezcla para que no se desmenuce.

ham & cheese quiche

serves 6

 1 (9-inch) refrigerated ready-to-roll pie shell
¾ cup grated Swiss cheese
½ cup chopped onion
½ cup sliced mushrooms
 4 slices crisp bacon, crumbled
½ cup chopped ham
 3 eggs, beaten
½ teaspoon salt
¼ teaspoon pepper
 1 cup milk
¾ cup evaporated milk

1. Unroll and press down dough into a 9-inch pie pan.
2. Press down foil on top of the dough and bake at 450° F for 8 minutes.
3. Take off foil and bake 5 more minutes; remove from oven and let cool.
4. Sprinkle cheese over pie shell and set aside.
5. Coat a large skillet with cooking spray and place over medium-high heat.
6. Cook onions and mushrooms for about 4 minutes; add bacon and ham.
7. Remove from heat and spoon the mixture over the cheese.
8. In medium bowl, blend eggs with salt, pepper, milk, and evaporated milk; pour into pie pan.
9. Bake at 375° F for 40-45 minutes.

tip
Serve with **warm spinach salad [page 110]** for a quick lunch.

time saver:
Substitute 4 tablespoons real bacon bits for bacon.

www.porfavornanny.com

quiche de jamón y queso

rinde 6 porciones

1 masa de pay listo para hornear (de 9-pulgadas), refrigerada
¾ de taza de queso suizo rallado
½ taza de cebollas picadas
½ taza de rebanadas de champiñones
4 tiras de tocino, bien fritos, crujientes y desmenuzados
½ taza de jamón, picado
3 huevos batidos
½ cucharadita de sal
¼ de cucharadita de pimienta
1 taza de leche
¾ de taza de leche evaporada

1. Desenrollar y aplastar la masa dentro de un molde de pay de 9-pulgadas.
2. Presionar papel aluminio sobre la masa y hornear a 450° F durante 8 minutos.
3. Quitar el papel aluminio y hornear durante 5 minutos más; sacar del horno y dejar enfriar.
4. Espolvorear el queso sobre la corteza y separar a un lado.
5. Rociar una sartén con aceite rociador y colocar sobre fuego medio-alto.
6. Sofreír la cebolla y los champiñones por aproximadamente 4 minutos; añadir el tocino y el jamón.
7. Retirar del fuego y añadir la mezcla sobre el queso.
8. Dentro de un tazón mediano, batir los huevos con la sal, la pimienta, la leche y la leche evaporada; verter dentro del molde de pay.
9. Hornear a 375° F durante 40-45 minutos.

sugerencia
Servir con **ensalada de espinaca caliente (pagina 111)** para un almuerzo rápido.

para ahorrar tiempo:
Sustituir 4 cucharadas de tocino autentico ya desmenuzado.

ham & swiss cheese omelet

makes 1 omelet

3 eggs, beaten
1 thick slice deli ham, cut into small pieces
½ cup shredded Swiss cheese
salt and pepper to taste

1. Coat a small non-stick skillet with a generous amount of cooking spray and place over medium heat.
2. Pour eggs into the HOT skillet. Let eggs sit and cook for about one minute, undisturbed. Eggs will be firm but not dry.
3. Using a spatula and tilting the skillet, lift one side of the cooked egg then the other to allow uncooked portion to seep under the cooked portion. Continue this step until egg is fully cooked.
4. Add ham, cheese, salt and pepper.
5. Fold half the omelet over the other half and heat thoroughly on each side, being careful not to overcook the eggs.

tip
Serve with fresh fruit and toast.

For a healthier omelet, try substituting your favorite vegetables for ham.

omelet de jamón y queso suizo

rinde 1 omelet

3 huevos batidos
1 rodaja gruesa de jamón del délicatesse, cortado en cubitos
½ taza de queso suizo rallado
sal y pimienta al gusto

1. Rociar una sartén teflón pequeña con aceite rociador suficientemente para que no se pegue y calentar sobre fuego mediano.
2. Verter los huevos en una sartén CALIENTE. Dejar reposar y cocer, sin tocar, durante un minuto.
3. Usando una espátula y medio virando la sartén, levantar un lado del huevo dejando caer el resto del huevo al fondo para que todo se cocine. Seguir esta etapa hasta que el huevo esté completamente cocido.
4. Añadir el jamón, el queso, la sal y la pimienta.
5. Doblar la tortilla sobre la otra mitad y calentar de cada lado, cuidado no cocinar huevos demasiado.

sugerencia
Servir con fruta fresca y pan tostado.

Para un plato más sano, usar sus vegetales favoritos en vez de jamón.

hard boiled eggs

makes 6 eggs

6 eggs

1. Place eggs in a medium saucepan and add cold water until eggs are completely covered.
2. Bring to a boil over medium heat and cook eggs for 10 minutes, uncovered.
3. Drain hot water and immediately place eggs in ice cold water.
4. Slowly peel the eggs under cold running water.
5. Serve immediately or refrigerate.

tip

To peel an egg: Crack it all around the edges against the sink. Remove the shell under cold running water to make it easier to peel.

huevos duros

rinde 6 huevos

6 huevos

1. Colocar los huevos dentro de una olla y cubrirlos con agua fría.
2. Hervir a fuego mediano y cocer los huevos durante 10 minutos, en olla destapada.
3. Escurrir el agua caliente e inmediatamente colocar en agua helada.
4. Pelar despacio bajo agua fría.
5. Servir de inmediato o refrigerar.

sugerencia

Para pelar el huevo: Golpear el huevo suavemente contra el filo del regadero. Pelarlo bajo agua vertiente de agua fría para que sea más fácil.

hot ham & egg sandwich

makes 1 sandwich

1 slice deli ham
1 English muffin
1 slice cheddar cheese
1 egg

1. In a small skillet, warm ham over medium heat.
2. Toast English muffin, then place ham and cheese between the slices.
3. Coat skillet with cooking spray and place over medium heat.
4. Add one egg and fry for 2 minutes on each side until it is fully cooked.
5. Place egg in sandwich and serve.

tip

Serve with cantaloupe or seasonal fruit.

Scrambled eggs can be substituted for fried eggs.

sándwich caliente de jamón y queso

rinde 1 sándwich

1 rebanada de jamón del délicatesse
1 pan ingles
1 rebanada de queso cheddar
1 huevo

1. En una sartén pequeña, calentar el jamón sobre fuego mediano.
2. Tostar el pan ingles y colocar el jamón y queso dentro de la mitad de las dos rodajas.
3. Rociar la sartén con aceite rociador y colocar sobre fuego mediano.
4. Añadir un huevo y sofreír durante 2 minutos a cada lado hasta que esté bien cocido.
5. Colocar el huevo frito dentro del sándwich para servir.

sugerencia

Servir con melón u otra fruta.

Puede sustituir huevos revueltos en vez de los huevos fritos.

pigs in a blanket

serves 8

1 (16 ounce) can refrigerated biscuits
1 pack of Little Smokies® (use about 32 pieces)

1. Cut each biscuit into four pieces for a total of 32 pieces of dough.
2. Wrap a piece of dough around each Little Smokie®.
3. Place on a cookie sheet and bake at 375° F for approximately 15 minutes or until golden brown.

tip
Serve with milk and fresh fruit.

salchichas enrolladas

rinde 8 porciones

1 cilindro de masa de bizcochos listos para hornear (de 16 onzas), refrigerado
1 paquete de salchichas tipo Little Smokies® (usar más o menos 32 pedazos)

1. Cortar cada bizcocho en cuatro pedazos por un total de 32 pedazos de masa.
2. Envolver un pedazo de masa alrededor de cada salchicha.
3. Colocarlos sobre una bandeja de galletas y hornear a 375° F durante aproximadamente 15 minutos o hasta que se doren.

sugerencia
Servir con leche y fruta fresca.

pumpkin spice muffins

makes 24 muffins

3 cups sugar
1 cup vegetable oil
⅔ cups water
4 eggs
1 (16 ounce) can pumpkin
1 teaspoon vanilla extract
3½ cups flour
2 teaspoons baking soda
1 teaspoon nutmeg
1 teaspoon cinnamon
1 teaspoon salt
cupcake liners

1. In a large bowl, beat sugar, oil, water, eggs, pumpkin and vanilla.
2. Gradually add remaining ingredients and mix well.
3. Pour mixture into muffin tins lined with cupcake liners.
4. Bake at 350° F for 15-20 minutes.

tip

To make bread instead of muffins, pour into a large, greased and floured loaf pan and bake for 350° F for 55-60 minutes. Insert toothpick into center of loaf to make sure it comes out clean.

magdalenas de calabaza

rinde 24 porciones

3 tazas de azúcar
1 taza de aceite vegetal
⅔ de taza de agua
4 huevos
1 lata (de 16 onzas) de calabaza
1 cucharadita de extracto de vainilla
3½ tazas de harina
2 cucharaditas de bicarbonato de sodio
1 cucharadita de nuez moscada
1 cucharadita de canela en polvo
1 cucharadita de sal
papelitos de panecillos

1. En un tazón grande, batir el azúcar, el aceite, el agua, los huevos, la calabaza y el extracto de vainilla.
2. Aumentar poco a poco, los demás ingredientes y mezclar bien.
3. Verter la mezcla dentro de un molde de panecillos forrados con papel de panecillos.
4. Hornear a 350° F durante 15-20 minutos.

sugerencia

Para hacer un pan en lugar de magdalenas, verter en un molde grande de pan, engrasado y enharinado. Hornear a 350° F durante 55-60 minutos. Para comprobar su término, al insertar un palillo en el centro de la magdalena debe salir limpio.

scrambled eggs

serves 4

  8 large eggs
  4 tablespoons milk
  ¼ teaspoon salt
  ¼ teaspoon pepper

1. In a medium bowl, whisk all ingredients with a fork.
2. Coat skillet with cooking spray and heat to medium-low temperature.
3. Pour in eggs and cook, stirring constantly, until they reach desired consistency.

tip
Serve with biscuits and fruit.

www.porfavornanny.com

huevos revueltos

rinde 4 porciones

 8 huevos grandes
 4 cucharadas de leche
¼ de cucharadita de sal
¼ de cucharadita de pimienta

1. Dentro de un tazón, batir todos los ingredientes con un tenedor.
2. Rociar una sartén con aceite rociador y calentar a fuego lento-mediano.
3. Verter los huevos y cocerlos mezclando constantemente hasta llegar a la consistencia deseada.

sugerencia
Servir con bizcochos redondos y fruta.

measurements | medidas

1	cup	=	1	taza	=	235 ml
½	cup	=	½	taza	=	120 ml
⅓	cup	=	⅓	taza	=	75 ml
¼	cup	=	¼	taza	=	60 ml
⅛	cup	=	⅛	taza	=	30 ml
1	tablespoon	=	1	cucharada	=	15 ml
½	tablespoon	=	½	cucharada	=	7.5 ml
1	teaspoon	=	1	cucharadita	=	5 ml
½	teaspoon	=	½	cucharadita	=	2.5 ml
⅓	teaspoon	=	⅓	cucharadita	=	1.75 ml
¼	teaspoon	=	¼	cucharadita	=	1.25 ml

snacks & sandwiches | bocadillos y sándwiches

snack ideas

We all know that snacks are an important part of our day since they replenish our bodies and give us energy. Here are some helpful choices you can offer to your children everyday. Serve with a glass of milk or water and enjoy!

fruits

sliced apples with peanut butter

sliced oranges

grapes

berries

sliced melon

bananas with peanut butter

raisins or other dried fruit

salty

nuts

string cheese

goldfish, popcorn, snack mix

pretzels or yogurt covered pretzels

crackers with sliced cheese

ham and cheese roll ups

mini pizzas

cheese tortilla wraps

vegetables

celery, cut into 3-inch sticks with peanut butter

cherry tomatoes

sliced red, orange or green bell peppers

edamame beans with sea salt

sugar snap peas

broccoli heads

mini carrots

sweet

graham crackers

cookies

fruit smoothie

banana or pumpkin muffins

bagel with peanut butter or cream cheese

cereal

granola bars

yogurt

ideas para bocaditos

Todos sabemos que bocaditos son una parte importante de nuestra alimentación diaria por que dan a nuestros cuerpos fuerza y energía. Aquí presentamos algunas opciones saludables que usted puede ofrecer a sus niños diariamente. ¡Servir con un vaso de leche o agua y que disfruten!

frutas

rebanadas de manzana con crema de cacahuate

rebanadas de naranjas

uvas

moras

rebanadas de melón

bananas con crema de cacahuate

pasas u otras frutas deshidratadas

de sal

nueces

queso en barras

"goldfish," palomitas, "snack mix"

bastoncitos de sal solos o cubiertos con yogur

galletas de sal con rebanadas de queso

enrolladas de jamón y queso

pizzas pequeñas

quesadillas

vegetales

apio cortados en trocitos largos de 3-pulgadas con crema de cacahuate

tomates cherry

tajas de pimientos (rojo, anaranjado y verde)

chícharos "edamame" con sal del mar

chícharos en vaina suave y sabor dulce

floretes de brócoli

zanahorias pequeñas

de dulce

galletas "graham"

galletas

batido de fruta

magdalenas de banana o calabaza

bagel con crema de cacahuate o queso crema

cereal

barras de "granola"

yogur

cheese tortilla wrap

makes 1

1 flour tortilla
  cheddar cheese, shredded

1. Place tortilla on a glass plate, sprinkle with cheese and microwave for 20 seconds.
2. Roll tortilla, cut in half and serve.

tip

Serve with **guacamole [page 50]** or picante sauce.

For dinner on the run, add shredded **chicken breasts [page 164]** to tortilla wrap.

quesadilla

**rinde 1 porciones**

1 tortilla de harina
  queso cheddar, rallado

1. Colocar la tortilla en un plato de cerámica, espolvorear con el queso y calentar en microondas durante 20 segundos.
2. Enrollar la tortilla, cortar en la mitad y servir.

sugerencia

Servir con **guacamole (pagina 51)** o salsa picante.

Para una cena a la carrera, añadir **pechugas de pollo (pagina 165)**, desmenuzado a la quesadilla.

 bocadillos
sándwiches

deviled eggs

serves 12

1 dozen hard boiled eggs, page 30
½ cup mayonnaise
1 tablespoon mustard
2 tablespoons pickle relish
2 teaspoons pepper
¼ teaspoon salt
¼ teaspoon paprika

1. Cut eggs in half lengthwise.
2. Scoop yolks into medium bowl and mash with a fork.
3. Add mayonnaise, mustard, pickle relish, pepper and salt; mix well.
4. Spoon mixture into egg white halves.
5. Sprinkle with paprika.
6. Cover and chill until ready to serve.

tip

For great tasting deviled eggs with spinach:

1. Omit mustard and pickle relish.
2. Add the following ingredients:
   ½ cup frozen chopped spinach, thawed, drained and squeezed dry using a paper towel.
   ½ cup real bacon bits
   2 tablespoons sugar
   2½ tablespoons apple cider vinegar
3. Mix well and spoon mixture into egg white halves.

huevos rellenos

rinde 12 porciones

1 docena de huevos duros, pagina 31
½ taza de mayonesa
1 cucharada de mostaza
2 cucharadas de pepino curtido
2 cucharaditas de pimienta
¼ de cucharadita de sal
¼ de cucharadita de paprika

1. Cortar huevos en la mitad a lo largo.
2. Sacar la yema y poner en un tazón y aplastar con un tenedor.
3. Añadir la mayonesa, la mostaza, el pepino curtido, la pimienta y la sal; mezclar bien.
4. Poner una cucharada de mezcla dentro de cada mitad de huevo.
5. Espolvorear con paprika.
6. Tapar y refrigerar hasta el rato de servir.

sugerencia

Para unos sabrosos huevos rellenos con espinaca:

1. Omitir mostaza y pepino curtido
2. Añadir los ingredientes siguientes:
   ½ taza de espinaca congelada, picada, escurrida y secada con toalla de papel
   ½ taza de tocino autentico disminuido
   2 cucharadas de azúcar
   2½ cucharadas de vinagre de cidra de manzana
3. Mezclar bien y poner una cucharada de la mezcla dentro de cada mitad de huevo.

grilled cheese sandwich

makes 1 sandwich

1 tablespoon butter
2 slices white or wheat bread
2 slices cheese

1. Heat skillet to a medium heat.
2. Place cheese between two slices of bread.
3. Spread butter evenly on the outside of both sides of the sandwich.
4. Place on hot skillet and cook for 2 minutes on each side until golden brown.

tip
Serve with tomato soup.

For a healthier sandwich, cook in panini grill without butter.

sándwich de queso

rinde 1 sándwich

1 cucharada de mantequilla
2 rebanadas de pan blanco o integral
2 rebanadas de queso

1. Calentar la sartén a fuego mediano.
2. Colocar queso entre las dos rebanadas de pan.
3. Untar cada lado del sándwich, en la parte de afuera, con mantequilla.
4. Colocar sobre la sartén y freír durante 2 minutos a cada lado hasta que se dore.

sugerencia
Servir con sopa de tomate.

Para un sándwich más sano, cocer a la plancha panini sin mantequilla.

guacamole

snacks
sandwiches

 3 large avocados
 2 tablespoons chopped fresh cilantro
½ cup diced cherry tomatoes
½ teaspoon garlic powder
 1 tablespoon lime juice
½ teaspoon salt
½ teaspoon pepper

1. In a medium size bowl, mash avocados using a fork.
2. Add remaining ingredients and mix well.

tip
Serve with chips and picante sauce.

guacamole

rinde 6 porciones

 3 aguacates grandes
 2 cucharadas de cilantro fresco picado
½ taza de tomates cerezas
½ cucharadita de ajo en polvo
 1 cucharada de jugo de limón verde
½ cucharadita de sal
½ cucharadita de pimienta

1. En un tazón mediano, aplastar los aguacates con un tenedor.
2. Añadir los demás ingredientes y mezclar bien.

sugerencia
Servir con tortillas fritas y salsa picante.

ham & cheese roll up

makes 1 roll up

1 slice of ham or turkey
1 slice of Swiss or American cheese

1. Roll one slice of meat and one slice of cheese together and serve.

tip

These are great for healthy lunches or dinner on the run.

For an added crunch, roll the meat and cheese around a carrot or a celery stick.

Serve with fresh fruit and pretzels.

enrollado de jamón y queso

rinde 1 porciones

1 rodaja de jamón o pavo
1 rodaja de queso suizo o queso americano

1. Enrollar una rebanada de carne y una rodaja de queso junto para servir.

sugerencia

Sabroso para un almuerzo más sano o una cena de apuro.

Para un sabor más crujiente, envolver la carne y el queso alrededor de una zanahoria o apio cortado en un trocito largo de 3-pulgadas.

Servir con fruta fresca y "pretzels."

ham/turkey & swiss cheese sandwich

makes 1 sandwich

2 slices bread
1 tablespoon mayonnaise or mustard
2 slices ham or turkey
1 slice American or Swiss cheese
1 leaf of lettuce
1 slice tomato

1. Spread mayonnaise or mustard on each slice of bread.
2. Place meat, cheese, lettuce and tomato between the two slices of bread.

tip
For a crunchy sandwich, try toasting the bread first.

Serve with pretzels or chips and sliced fruit.

other sandwich ideas:
peanut butter and jelly
peanut butter and honey
peanut butter and banana
cheese and mayonnaise
salami and cheese
roast beef and Swiss cheese

sándwich de jamón/pavo y queso suizo

rinde 1 sándwich

2 rebanadas de pan
1 cucharada de mayonesa o mostaza
2 rebanadas de jamón o pavo
1 rodaja de queso suizo o americano
1 hoja de lechuga
1 rebanada de tomate

1. Untar mayonesa o mostaza en cada rebanada de pan.
2. Colocar dentro de las rebanadas de pan la carne, el queso, la lechuga y el tomate.

sugerencia

Tostar el pan para que el sándwich sea más crujiente.

Servir con "pretzels" o tortilla fritas y fruta cortada.

otras ideas para sándwiches:
crema de cacahuate con mermelada
crema de cacahuate con miel
crema de cacahuate con banana
queso con mayonesa
salami con queso
carne asada de res con queso suizo

mango corn & black bean salsa

serves 8

1 mango, cubed
4 roma tomatoes, diced
1 cup frozen corn, cooked
1 (15 ounce) can black beans, rinsed and drained
3 green onions, chopped
½ cup chopped cilantro
3 tablespoons lime juice
¼ teaspoon salt
½ teaspoon pepper

1. Wash and dry all vegetables.
2. In a medium size bowl, mix all ingredients.
3. Chill for 1 hour and serve.

tip

Serve with chips.

Use as a topping for fish or chicken.

salsa de mango, elote y frijoles

rinde 8 porciones

1 mango, picado en cubitos
4 tomates roma, picados en cubitos
1 taza de granos de elote congelados, cocidos
1 lata (de 15 onzas) de frijoles negros, enjuagados y escurridos
3 cebollas verdes, picadas
½ taza de cilantro picado
3 cucharadas de jugo de limón verde
¼ de cucharadita de sal
½ cucharadita de pimienta

1. Lavar y secar todos los vegetales.
2. En un tazón mediano, mezclar todos los ingredientes.
3. Refrigerar durante una hora y servir.

sugerencia
Servir con tortillas fritas.

Usar como salsa encima de pescado o pollo.

mini pizzas

snacks
sandwiches

6 English muffins
1 small jar of spaghetti or pizza sauce
2 cups shredded mozzarella cheese

1. Separate muffins into two pieces and lay on cookie sheet.
2. Spoon 2 tablespoons of sauce on each muffin.
3. Sprinkle each muffin with cheese.
4. Bake in oven at 400° F for 3-5 minutes until cheese is melted and bubbling.
5. Cool for two minutes before serving.

tip

Add a variety of toppings to make a more spectacular pizza: pepperoni, sausage, Canadian bacon, chicken, pineapple, black olives, green bell peppers or baby spinach leaves.

www.porfavornanny.com

pizzas pequeñas

rinde 3 porciones

6 rodajas de pan ingles
1 tarro de salsa de espagueti o salsa de pizza
2 tazas de queso mozzarella rallado

1. Separar los panecillos en la mitad y hornear poniéndolos sobre una bandeja de hornear galletas.
2. Verter 2 cucharadas de salsa sobre cada panecillo.
3. Espolvorear cada panecillo con queso.
4. Hornear a 400° F durante 3-5 minutos hasta que el queso se derrita y empiece a burbujear.
5. Enfriar durante dos minutos antes de servir.

sugerencia

Aumentar una variedad de ingredientes para una pizza espectacular: "pepperoni," chorizo, tocino canadiense, pollo, piña, olivas negras, pimientos verdes o hojas de espinaca tierna.

queso dip

snacks sandwiches

 1 (2 pound box) Velveeta® cheese, cubed
 1 (10 ounce) can Ro-Tel® tomatoes
 ½ pound ground beef or sausage, cooked and drained

1. Place cheese and tomatoes in a large glass bowl.
2. Heat in microwave, stirring every 1 minute until smooth.
3. In a large skillet, brown meat until fully cooked.
4. Remove from heat and drain grease into an empty can or glass container. NEVER PUT GREASE DOWN THE SINK.
5. Add meat to cheese and stir well.

tip

Serve with tortilla chips or carrot sticks.

A crock-pot® works well to keep dip warm.

www.porfavornanny.com

"dip" de queso

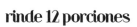

rinde 12 porciones

1 caja de queso Velveeta® (de 2 libras), cortado en cubos
1 lata (de 10 onzas) de tomates Ro-Tel®
½ libra de carne molida o chorizo, cocido y desgrasado

1. Colocar el queso y los tomates dentro de un recipiente de cristal.
2. Derretir el queso dentro del microondas durante 1 minuto, revolviendo hasta quedar cremoso.
3. En una sartén grande, freír la carne hasta que esté bien cocida.
4. Quitar del fuego y cernir la grasa dentro de una lata vacía para desechar.
   NUNCA DESECHAR EL ACEITE DENTRO DEL LAVABO.
5. Añadir la carne al queso y mezclar bien.

sugerencia
Servir con tortillas fritas o zanahorias cortadas en trocitos.

Para mantener al "dip" caliente, usar una olla eléctrica de cocción lenta.

measurements | medidas

1	cup	=	1	taza	=	235	ml
½	cup	=	½	taza	=	120	ml
⅓	cup	=	⅓	taza	=	75	ml
¼	cup	=	¼	taza	=	60	ml
⅛	cup	=	⅛	taza	=	30	ml
1	tablespoon	=	1	cucharada	=	15	ml
½	tablespoon	=	½	cucharada	=	7.5	ml
1	teaspoon	=	1	cucharadita	=	5	ml
½	teaspoon	=	½	cucharadita	=	2.5	ml
⅓	teaspoon	=	⅓	cucharadita	=	1.75	ml
¼	teaspoon	=	¼	cucharadita	=	1.25	ml

soups | sopas

bean soup 64 | sopa de frijoles 65

black bean soup 66 | sopa de frijoles negros 67

chicken noodle soup 68 | sopa de pollo con fideo 69

cream of broccoli soup 70 | crema de brócoli 71

easy chili 72 | chili fácil 73

mexican chicken soup 74 | sopa de pollo mexicana 75

minestrone soup 76 | sopa minestrone 77

tortilla soup 78 | sopa de tortilla 79

vegetable beef soup 80 | sopa de res con vegetales 81

bean soup

serves 8

1 (20 ounce) package assorted dried beans
6 cups water
1 small yellow onion, chopped and sautéed
1 (14 ounce) can beef broth
1 cooked ham bone or 3 slices of uncooked bacon
2 (14.5 ounce) cans diced tomatoes, do not drain
2 tablespoons lemon juice
2 thick slices honey baked ham, cubed
2 teaspoons Tony Chachere's® seasoning

1. Rinse beans and place in a large pot with water; cover and bring to a boil.
2. Add remaining ingredients; cover and continue to boil for 5 minutes.
3. Reduce to low heat and cook for 2 hours, stirring occasionally.
4. Remove ham bone and serve.

tip
Serve with **basic dinner salad (page 84)**.

This is a great way to use leftover holiday ham.

rinde 8 porciones

1 paquete (de 20 onzas) de frijoles secos mixtos
6 tazas de agua
1 cebolla pequeña amarilla, picada y sofrito
1 lata (de 14 onzas) de caldo de res
1 hueso de jamón o 3 tajas de tocino crudo
2 latas (de 14.5 onzas) de tomates picados, sin escurrir
2 cucharadas de jugo de limón
2 rebanadas gruesas de jamón tipo "honey baked," cortado en cubitos
2 cucharaditas de sazón de Tony Chachere's®

1. Enjuagar los frijoles y colocar dentro de una olla grande con el agua; tapar y hervir.
2. Aumentar los demás ingredientes; tapar y continuar hirviendo durante 5 minutos.
3. Reducir a fuego lento y cocer durante 2 horas, revolviendo ocasionalmente.
4. Retirar el hueso de jamón y servir.

sugerencia
Servir con **ensalada básica (pagina 85)**.

Se puede usar el jamón que sobra de una fiesta.

black bean soup

 2 tablespoons canola oil
½ cup chopped yellow onion
 2 stalks celery, chopped
½ green bell pepper, chopped
 1 tablespoon minced garlic
 2 (14.5 ounce) cans chicken broth
 2 (15 ounce) cans black beans, rinsed and drained
 4 tablespoons sour cream
 4 tablespoons chopped green onion

1. Wash and dry all vegetables.
2. In a large pot, heat the canola oil.
3. Add onion, celery, bell pepper and garlic; sauté for 5 minutes or until vegetables are tender.
4. Add chicken broth and black beans; simmer for 20 minutes.
5. Lightly mash beans with a fork.
6. Pour into bowls and garnish with sour cream and green onions.

tip
Serve with **guacamole (page 50)** and tortilla chips.

sopa de frijoles negros

rinde 4 porciones

2 cucharadas de aceite canola
½ taza de cebolla amarilla picada
2 tallos de apio, picados
½ pimiento verde, picado
1 cucharada de ajo picado finamente
2 latas (de 14.5 onzas) de caldo de pollo
2 latas (de 15 onzas) de frijoles negros, enjuagados y escurridos
4 cucharadas de crema agria
4 cucharadas de cebolla verde picados

1. Lavar y secar los vegetales.
2. En una olla grande, calentar el aceite.
3. Añadir la cebolla, el apio, el pimiento y el ajo; sofreír durante 5 minutos o hasta que los vegetales estén blandos.
4. Añadir el caldo de pollo y los frijoles; hervir a fuego lento durante 20 minutos.
5. Aplastar los frijoles ligeramente con un tenedor.
6. Servir en tazones y decorar con la crema agria y la cebolla verde.

sugerencia
Servir con **guacamole (pagina 51)** y tortillas fritas.

chicken noodle soup

6 cups water
1 (32 ounce) box chicken broth
3 boneless, skinless chicken breasts
2 bay leaves
½ cup finely chopped white onion
1 cup sliced carrots
½ cup finely chopped celery
1½ cups uncooked bow-tie pasta
salt and pepper to taste

1. In a large pot, bring water and chicken broth to a boil.
2. Rinse and pat dry chicken (clean and prepare chicken, page 158).
3. Add chicken and bay leaves; boil for 22 minutes then discard bay leaves.
4. Remove chicken from pot , shred and set aside.
5. Skim the top of soup broth and discard the fat.
6. Add remaining ingredients and continue cooking 10-15 minutes or until noodles are soft.
7. Return chicken to pot and serve.

tip

For picky eaters: sauté chopped vegetables in 3 tablespoons of canola oil until soft; puree and add to chicken broth.

Serve with French bread.

sopa de pollo con fideos

rinde 8 porciones

6 tazas de agua
1 caja (de 32 onzas) de caldo de pollo
3 pechugas de pollo deshuesadas y sin piel
2 hojas de laurel
½ taza de cebolla blanca picada finamente
1 taza de zanahorias, rebanadas
½ taza de apio, picado finamente
1½ tazas de pasta corbata de lazo "bow-tie," crudo
   sal y pimienta al gusto

1. En una olla grande, hervir el agua y el caldo.
2. Lavar y secar el pollo (limpiar y preparar el pollo, pagina 159).
3. Añadir el pollo con las hojas de laurel; hervir durante 22 minutos y desechar las hojas de laurel.
4. Sacar el pollo de la olla, desmenuzar y separar a un lado.
5. Con una cuchara, quitar el exceso de grasa en la superficie del caldo.
6. Añadir los demás ingredientes y continuar cociendo durante 10-15 minutos o hasta que el fideo se suavice.
7. Regresar el pollo a la olla y servir.

sugerencia
Para los melindrosos: sofreír los vegetales con 3 cucharadas de aceite hasta que se suavicen; licuar y añadir al caldo.

Servir con pan francés.

cream of broccoli soup

1 (32 ounce) package frozen broccoli
4 cups chicken broth
1 tablespoon minced garlic
1 cup half and half
½ teaspoon salt
¼ teaspoon pepper
½ cup shredded cheddar cheese

1. In a large pot, boil broccoli, chicken broth and garlic for about 3 minutes; remove from heat and set aside.
2. Pour broccoli mixture into a blender, add half and half, salt and pepper; cover and blend until smooth.
3. Pour into bowls, garnish with cheese and serve.

tip
Serve with **chicken quesadilla (page 170)**.

crema de brócoli

rinde 8 porciones

1 paquete congelado (de 32 onzas) de brócoli
4 tazas de caldo de pollo
1 cucharada de ajo picado finamente
1 taza de crema
½ cucharadita de sal
¼ de cucharadita de pimienta
½ taza de queso cheddar, rallado

1. En una olla grande, hervir el brócoli, el caldo de pollo y el ajo durante aproximadamente 3 minutos; quitar del fuego y separar a un lado.
2. Verter la mezcla de brócoli dentro de la licuadora y añadir la crema, la sal y la pimienta; cubrir y licuar hasta que esté puré.
3. Servir en tazones con queso rallado encima.

sugerencia
Servir con **quesadilla de pollo (pagina 171)**.

easy chili

soups

1 pound ground beef, cooked and drained
2 (15 ounce) cans pinto beans, rinsed and drained
2 (14.5 ounce) cans diced tomatoes, do not drain
1 (10 ounce) can Ro-Tel® tomatoes
2 (15 ounce) cans Ranch Style Beans®
2 (15 ounce) cans corn, rinsed and drained
1 (1 ounce) package ranch dressing mix (optional)
1 (1 ounce) package taco seasoning
2 cups V-8 Vegetable Juice®
1 cup shredded cheddar cheese
1 bag Fritos® Corn Chips

1. In a large skillet, brown meat until fully cooked.
2. Remove from heat and drain grease into an empty can or glass container.
   NEVER PUT GREASE DOWN THE SINK.
3. In a large pot, combine pinto beans, diced tomatoes, Ro-Tel® tomatoes, Ranch Style Beans®, corn, ranch dressing mix, taco seasoning and V-8 Vegetable Juice®.
4. Add ground beef to pot and simmer for 30 minutes, stirring occasionally.
5. Pour into bowls and garnish with cheese and Fritos® Corn Chips.

tip
Serve with salad and corn bread.

Great recipe for the crock-pot®. The longer it simmers, the better it tastes.

chili fácil

rinde 8 porciones

1 libra de carne molida, cocida y escurrida
2 latas (de 15 onzas) de frijoles pinto, enjuagados y escurridos
2 latas (de 14.5 onzas) de tomates picados, sin escurrir
1 lata (de 10 onzas) de tomates Ro-Tel®
2 latas (de 15 onzas) de frijoles estilo Ranch Style Beans®
2 latas (de 15 onzas) de granos de elote, enjuagados y escurridos
1 sobre (de 1 onza) de salsa sabor ranch, seco (opcional)
1 sobre (de 1 onza) de sazón de taco
2 tazas de jugo V-8 Vegetable Juice®
1 taza de queso cheddar, rallado
1 bolsa de Fritos® Corn Chips

1. En una sartén grande, freír la carne molida hasta que esté bien cocida.
2. Quitar del fuego y cernir la grasa dentro de una lata que se puede desechar a la basura. NUNCA DESECHAR LA GRASA EN EL LAVABO.
3. En una olla grande, combinar los frijoles pinto, los tomates, los tomates Ro-Tel®, los Ranch Style Beans®, el elote, el sobre de aderezo, el sobre de sazón de taco y el V-8 Vegetable Juice®.
4. Añadir la carne al la olla y hervir a fuego lento durante 30 minutos, revolviendo ocasionalmente para evitar que se queme.
5. Servir en tazones y decorar con queso y Fritos® Corn Chips.

sugerencia
Servir con una ensalada y pan de elote.

Buena receta para la olla eléctrica de cocción lenta. Tiene mejor sabor cuando se la cocina más tiempo.

mexican chicken soup

soups

1 large white onion, chopped
¾ cup chopped celery
2 tablespoons canola oil
2 (14 ounce) cans chicken broth
1 (14 ounce) can Ro-Tel® tomatoes
1 (14.5 ounce) can diced tomatoes, do not drain
2 cups chicken breasts, page 164, (approximately 3 chicken breasts), cooked and shredded
1½ cups cooked rice
1 pound Velveeta® cheese, cubed

1. In a large pot, sauté onion and celery in canola oil.
2. Add chicken broth, Ro-Tel® tomatoes, diced tomatoes, chicken and rice; heat thoroughly.
3. Add cheese and stir until completely melted.
4. Remove from heat and serve.

tip
Serve with **guacamole [page 50]** and chips.

rinde 8 porciones

 1 cebolla blanca, grande y picada
 ¾ de taza de apio picado
 2 cucharadas de aceite oliva
 2 latas (de 14 onzas) de caldo de pollo
 1 lata (de 14 onzas) de tomates Ro-Tel®
 1 lata (de 14.5 onzas) de tomates picados, sin escurrir
 2 tazas de pechugas de pollo, pagina 165, (aproximadamente 3 pechugas), cocido y desmenuzado
1½ taza de arroz cocido
 1 libra de queso Velveeta®, cortado en cubos

1. Dentro de una olla grande, sofreír la cebolla y el apio en aceite.
2. Añadir el caldo de pollo, la lata de tomates Ro-Tel®, los otros tomates, el pollo y el arroz; calentar bien.
3. Aumentar el queso y revolver hasta que esté completamente derretido.
4. Quitar del fuego y servir.

sugerencia
Servir con **guacamole (pagina 51)** y tortillas fritas.

minestrone soup

serves 12

2 celery stalks, chopped
1 carrot, peeled and sliced
1 large white onion, chopped
½ green bell pepper, chopped
1 tablespoon minced garlic
2 tablespoons canola oil
2 (14 ounce) cans beef broth
2 (14 ounce) cans chicken broth
2 (14 ounce) cans petite cut diced tomatoes, do not drain
2 cups V-8 Vegetable Juice®
1 small zucchini, chopped

1 small squash, chopped
1 teaspoon dried parsley
1 teaspoon dried oregano
1 teaspoon dried basil
¼ teaspoon salt
¼ teaspoon pepper
2 tablespoons grated Parmesan cheese
1 (15 ounce) can garbanzo beans, rinsed and drained
1 (15 ounce) can white kidney beans, rinsed and drained
1 cup penne pasta, uncooked

1. Wash and pat dry all vegetables.
2. In a large pot, sauté celery, carrots, onion, bell pepper and garlic with canola oil for 10 minutes.
3. Add beef and chicken broth, tomatoes, V-8 Vegetable Juice®, zucchini, squash, spices and cheese; simmer for 20 minutes until all vegetables are tender.
4. Add beans and pasta to the pot; simmer for about 30 minutes.
5. Add water to the pot if the soup gets too thick.

tip
Serve with French bread and **caesar salad (page 88)**.

sopa minestrone

rinde 12 porciones

2 tallos de apio picado

1 zanahoria, pelada y cortada

1 cebolla blanca grande picada

½ pimiento verde, picado

1 cucharada de ajo picado finamente

2 cucharadas de aceite oliva

2 latas (de 14 onzas) de caldo de res

2 latas (de 14 onzas) de caldo de pollo

2 latas (de 14 onzas) de tomates picados petit, sin escurrir

2 tazas de jugo V-8 Vegetable Juice®

1 zucchini pequeño, picado

1 calabaza "squash" pequeña, picada

1 cucharadita de perejil seco

1 cucharadita de orégano seco

1 cucharadita de albahaca seca

¼ de cucharadita de sal

¼ de cucharadita de pimienta

2 cucharadas de queso parmesano rallado

1 lata (de 15 onzas) de garbanzos, enjuagados y escurridos

1 lata (de 15 onzas) de frijoles "kidney" blancos, enjuagados y escurridos

1 taza de fideos en forma de tubo, cruda

1. Lavar y secar todos los vegetales.
2. En una olla grande, sofreír el apio, la zanahoria, la cebolla, el pimiento y el ajo en aceite canola durante 10 minutos.
3. Añadir el caldo de res el caldo de pollo, los tomates, el jugo de V-8 Vegetable Juice®, el zucchini, la calabaza "squash," las especias y el queso; cocer a fuego lento durante 20 minutos hasta que los vegetales estén suaves.
4. Añadir los frijoles y los fideos a la olla; cocer a fuego lento durante 30 minutos.
5. Añadir agua a la olla si la sopa esta muy espesa.

sugerencia

Servir con pan francés y **ensalada cesar (pagina 89)**.

tortilla soup

½ cup chopped white onion
1 tablespoon minced garlic
3 tablespoons canola oil
2 (14.5 ounce) cans chicken broth
4 cups water
2 (14.5 ounce) cans diced tomatoes
2 teaspoons ground oregano
2 teaspoons ground cumin
3 chicken breasts, page 164, cooked and shredded
1 package tortilla chips
2 cups shredded Monterrey Jack cheese
1 avocado, cubed
   salt and pepper to taste

1. In a large pot, sauté onion and garlic in canola oil over medium heat for 3 minutes or until onions are translucent.
2. Add chicken broth, water, tomatoes, oregano and cumin; simmer over medium heat for 20 minutes.
3. Add shredded chicken and a handful of tortilla chips; simmer for 5 minutes.
4. Pour into individual bowls and top with cheese, avocado and tortilla chips.

tip
Serve with salad and **chicken quesadilla (page 170)**.

sopa de tortilla

rinde 6 porciones

½ taza de cebolla blanca picada
1 cucharada de ajo picado finamente
3 cucharadas de aceite canola
2 latas (de 14.5 onzas) de caldo de pollo
4 tazas de agua
2 latas (de 14.5 onzas) de tomates picados
2 cucharaditas de orégano molido
2 cucharaditas de comino en polvo
3 pechugas de pollo, pagina 165, cocidas y desmenuzadas
1 paquete de tortillas fritas
2 tazas de queso "Monterrey Jack"
1 aguacate picado en cubitos
 sal y pimienta al gusto

1. En una olla grande, sofreír la cebolla y el ajo con el aceite canola sobre fuego mediano durante 3 minutos o hasta que las cebollas estén transparentes.
2. Añadir el caldo, el agua, los tomates, el orégano y el comino; hervir a fuego lento durante 20 minutos.
3. Añadir el pollo rallado y un puñado de tortillas fritas; hervir a fuego lento durante 5 minutos.
4. Servir en tazones individuales y decorar con queso, aguacate y tortillas fritas.

sugerencia
Servir con ensalada y **quesadilla de pollo (pagina 171)**.

vegetable beef soup

serves 6

2 tablespoons canola oil
2 white onions, finely chopped
3 ribs of celery, finely chopped
4 cups water
6 beef bouillon cubes
1 (28 ounce) can tomato sauce
3 cups roast beef, cooked and cut into 2-inch squares
1 (14 ounce) bag frozen mixed vegetables
1 bay leaf

1. Wash and dry celery.
2. In a large pot, sauté onions and celery in oil for 3 minutes over medium heat.
3. Add water, bring to a boil and add remaining ingredients.
4. Reduce heat to medium and cook for 1 hour.
5. Remove bay leaf before serving.

tip

Use leftover **easy roast beef (page 150)** in this recipe.

sopa de res con vegetales

rinde 6 porciones

2 cucharadas de aceite oliva
2 cebollas blancas picadas finamente
3 tallos de apio picados finamente
4 tazas de agua
6 cubitos de consomé de res
1 lata (de 28 onzas) de salsa de tomate
3 tazas de asado de res "roast beef," cocido y picado en cuadrados de 2 pulgadas
1 bolsa congelada (de 14 onzas) de vegetales mixtos
1 hoja de laurel

1. Lavar y secar el apio.
2. En una olla grande, sofreír las cebollas y el apio en el aceite durante 3 minutos a fuego mediano.
3. Añadir el agua, hacer hervir y añadir los demás ingredientes.
4. Reducir a fuego mediano y cocer durante 1 hora.
5. Desechar la hoja de laurel a la hora de servir.

sugerencia
Usar **asado de carne de res (pagina 151)** que ha sobrado con esta receta.

measurements | medidas

1	cup	=	1	taza	=	235	ml
½	cup	=	½	taza	=	120	ml
⅓	cup	=	⅓	taza	=	75	ml
¼	cup	=	¼	taza	=	60	ml
⅛	cup	=	⅛	taza	=	30	ml
1	tablespoon	=	1	cucharada	=	15	ml
½	tablespoon	=	½	cucharada	=	7.5	ml
1	teaspoon	=	1	cucharadita	=	5	ml
½	teaspoon	=	½	cucharadita	=	2.5	ml
⅓	teaspoon	=	⅓	cucharadita	=	1.75	ml
¼	teaspoon	=	¼	cucharadita	=	1.25	ml

salads | ensaladas

basic dinner salad 84 | ensalada básica 85

broccoli & cauliflower salad 86 | ensalada de brócoli y coliflor 87

caesar salad 88 | ensalada cesar 89

chicken & goat cheese salad 90 | ensalada de pollo con queso de cabra 91

cobb salad 92 | ensalada cobb 93

cold chicken salad 94 | ensalada de pollo frío 95

greek salad 96 | ensalada griega 97

green salad with strawberries 98 | ensalada verde con fresas 99

mexican grilled chicken salad 100 | ensalada de pollo asado mexicana 101

roast beef, feta cheese & pecan salad 102 |
  ensalada de asado de res, queso feta y nueces pecan 103

taco salad 104 | ensalada de taco 105

tomato, basil & mozzarella salad 106 |
  ensalada de tomate, albahaca fresca y mozzarella 107

tortellini salad with chicken 108 | ensalada tortellini con pollo 109

warm spinach salad 110 | ensalada de espinaca caliente 111

basic dinner salad

serves 6

basic salad ingredients

½ head lettuce

½ bag fresh baby spinach

2 carrots, peeled and chopped

10 cherry tomatoes, halved

   salad dressing

optional ingredients

2 stalks celery, chopped

1 green onion, chopped

4 sprigs cilantro

1 red bell pepper, sliced

1 avocado, sliced

½ cup slivered almonds

1. Wash and dry vegetables thoroughly.
2. Chop lettuce and spinach, place in a salad bowl, cover and refrigerate until ready to serve.
3. Add carrots and tomatoes to salad and toss lightly with dressing.
4. Top basic salad with optional ingredients if desired.

tip

Keep lettuce separate from chopped vegetables until ready to serve. This prevents lettuce from wilting.

ensalada básica

rinde 6 porciones

ingredientes para la ensalada

- ½ cabeza de lechuga
- ½ bolsa espinaca tierna y fresca
- 2 zanahorias, peladas y picadas
- 10 tomates, tipo cherry en mitades
- aderezo

ingredientes opcionales

- 2 tallos de apio picados
- 1 cebolla verde picado
- 4 ramas de cilantro
- 1 pimiento rojo en rebanadas
- 1 aguacate rebanado
- ½ taza de almendras en rebanadas

1. Lavar y secar bien los vegetales.
2. Cortar la lechuga y la espinaca, cubrir dentro de un tazón de ensalada y refrigerar hasta la hora de servir.
3. Añadir las zanahorias y los tomates a la ensalada y revolver levemente con el aderezo.
4. Añadir la ensalada con los ingredientes opcionales si desea.

sugerencia

No mezclar la lechuga y la espinaca hasta la hora de servir. Esto evita que la lechuga se marchite.

broccoli & cauliflower salad

serves 6

1 bunch of broccoli, chopped
1 head cauliflower, chopped
3 hard boiled eggs, page 30, chopped
2 tablespoons red onion, chopped
½ cup real bacon bits
1 cup shredded mozzarella cheese

dressing:
⅓ cup sugar
2 tablespoons white vinegar
1 cup mayonnaise
2 teaspoons lemon juice

1. Wash and dry vegetables thoroughly.
2. In large bowl, combine broccoli, cauliflower, eggs, onion and bacon.
3. In small bowl, mix salad dressing ingredients.
4. Add dressing to broccoli and cauliflower mixture; mix well and chill for 2 hours.
5. Add cheese just prior to serving.

tip
Serve with **crispy oven-baked chicken (page 176)** or **easy roast beef (page 150)**.

ensalada de brócoli y coliflor

rinde 6 porciones

1 brócoli grande picado
1 coliflor grande picada
3 huevos duros, pagina 31, picados
2 cucharadas de cebolla roja picada
½ taza de pedacitos de tocino autentico en tarro
1 taza de queso mozzarella rallado

aderezo:
⅓ de taza de azúcar
2 cucharadas de vinagre blanco
1 taza de mayonesa
2 cucharaditas de jugo de limón

1. Lavar y secar bien los vegetales.
2. En un tazón grande combinar el brócoli, la coliflor, los huevos, la cebolla y el tocino.
3. En un tazón pequeño, mezclar bien los ingredientes del aderezo.
4. Añadir aderezo a la mezcla de brócoli y coliflor; mezclar bien y poner en la refrigerador durante 2 horas.
5. Añadir queso a la hora de servir.

sugerencia
Servir con **pollo horneado crocante (pagina 177)** o **asado de carne de res (pagina 151)**.

caesar salad

salads

1 head romaine lettuce
1 cup croutons
½ cup grated Parmesan cheese
2 tablespoons lemon juice
   salt and pepper to taste
   Caesar salad dressing

1. Wash, dry and chop lettuce.
2. In a large salad bowl, combine lettuce, croutons, cheese, lemon juice, salt and pepper.
3. Refrigerate covered with a wet paper towel until ready to serve.
4. Toss lightly with dressing.

tip
For a great dinner, add **crispy oven-baked chicken [page 176]**.

ensalada cesar

rinde 6 porciones

1 cabeza de lechuga romana
1 taza de pan seco en cubitos crutones
½ taza de queso parmesano rallado
2 cucharadas de jugo de limón
 sal y pimienta al gusto
 aderezo sabor Cesar

1. Lavar, secar y cortar la lechuga.
2. Dentro de un tazón grande de ensalada colocar la lechuga, los crutones, el queso, el jugo de limón, la sal y la pimienta.
3. Refrigerar envuelta en una toalla de papel húmeda hasta la hora de servir.
4. Revolver levemente con el aderezo.

sugerencia
Para una merienda estupenda, aumentar **pollo horneado crocante (pagina 177).**

chicken & goat cheese salad

salads

   1 bag of salad greens
   1 cup sun dried tomatoes in oil, drained and chopped
   2 ounces goat or feta cheese, crumbled
   2 cups chicken breasts, page 164, cooked and cubed
   ¼ cup sliced almonds
      sun dried tomato dressing

1. In a large salad bowl, mix all ingredients except dressing.
2. Refrigerate covered until ready to serve.
3. Toss lightly with dressing.

tip
For 2 cups of chicken use **oven-baked chicken breasts (page 180)**.

ensalada de pollo con queso de cabra

rinde 4 porciones

1 bolsa de lechugas mixtas
1 taza de tomates secos en aceite, escurridos y picados
2 onzas de queso de cabra o feta desmenuzado
2 tazas de pechugas de pollo, pagina 165, cocidas y cortadas en cubitos
¼ de taza de almendras rebanadas
   aderezo sabor "sun dried tomato"

1. En un tazón grande para ensalada, mezclar todos los ingredientes menos el aderezo.
2. Cubrir y refrigerar hasta la hora de servir.
3. Revolver levemente con el aderezo.

sugerencia
Use el pollo que sobra de la receta **pechugas de pollo al horno (pagina 181)**.

cobb salad

1 large head romaine lettuce
3 boneless, skinless chicken breasts, page 164, cooked and cubed
2 avocados, peeled, pitted and cubed
3 medium tomatoes, washed and chopped
¾ cup blue cheese, crumbled
8 strips bacon, cooked crispy and crumbled
3 hard boiled eggs, page 30, peeled and chopped
¼ cup finely chopped fresh chives
  ranch dressing

1. Wash, dry and chop lettuce.
2. Place lettuce in a large salad bowl.
3. Evenly divide and arrange chicken, avocados, tomatoes, cheese, bacon, eggs and chives in a row on top of the lettuce.
4. Refrigerate covered until ready to serve.
5. Toss lightly with dressing.

tip
Substitute blue cheese with feta cheese or grated Parmesan cheese.

ensalada cobb

rinde 8 porciones

1 cabeza de lechuga romana
3 pechugas de pollo, pagina 165, deshuesadas y sin piel, cocidas y picadas en cubitos
2 aguacates pelados y picados en cubitos
3 tomates medianos lavados y picados
¾ de taza de queso azul desmenuzado
8 tiras de tocino frito, crujiente y desmenuzado
3 huevos duros, pagina 31, pelados y picados
¼ de taza de cebollinos frescos y picados finamente
   aderezo sabor ranch

1. Lavar, secar y cortar la lechuga.
2. Colocar la lechuga en un tazón de ensalada.
3. Colocar uniformemente en filas el pollo, el aguacate, los tomates, el queso, el tocino, el huevo y los cebollinos sobre la lechuga.
4. Cubrir y refrigerar hasta la hora de servir.
5. Revolver ligeramente con el aderezo a la hora de servir.

sugerencia
Puede sustituir el queso azul con queso feta o parmesano rallado.

ensaladas

cold chicken salad

salads

1½ cups chicken breasts, page 164, (approximately 3 chicken breasts), cooked and cubed
 ¾ cup mayonnaise
  1 teaspoon Dijon mustard
  2 teaspoons lemon juice
  2 stalks celery, chopped
  1 cup chopped grapes
 ½ cup chopped pecans
 ¼ cup chopped green onion
    salt and pepper to taste

1. Combine all ingredients together in a large bowl; mix well.
2. Refrigerate for 1 hour or until ready to serve.

tip

Serve on wheat bread or wrapped in a piece of iceberg lettuce.

Substitute apples for grapes.

rinde 6 porciones

1½ tazas de pechugas de pollo, pagina 165, (aproximadamente 3 pechugas), cocido y picado en cubitos
 ¾ de taza de mayonesa
  1 cucharadita de mostaza Dijon
  2 cucharaditas de jugo de limón
  2 tallos de apio picados
  1 taza de uvas picadas
 ½ taza de nueces pecan, picadas
 ¼ de taza de cebolla verde picada
    sal y pimienta al gusto

1. Combinar todos los ingredientes en un tazón grande; mezclar bien.
2. Refrigerar durante una hora o hasta la hora de servir.

sugerencia
Servir sobre pan integral o envuelto dentro una hoja de lechuga.

Sustituir manzanas por las uvas.

greek salad

salads

1 head Romaine lettuce
3 medium tomatoes, chopped
1 cucumber, peeled and chopped
½ cup diced red onion
½ cup chopped red bell pepper
½ cup chopped green bell pepper
3 tablespoons olive oil
1½ tablespoons lemon juice
½ teaspoon dried oregano
1 teaspoon minced garlic
4 large black olives, quartered
⅓ cup crumbled feta cheese
   salt and pepper to taste

1. Wash, dry and chop lettuce and vegetables.
2. In a salad bowl, combine lettuce, tomatoes, cucumbers, onion and bell peppers; set aside.
3. Refrigerate covered until ready to serve.
4. In small bowl, whisk olive oil, lemon juice, oregano and garlic.
5. Add olive oil mixture to salad; toss and sprinkle with olives, feta cheese, salt and pepper.

tip
Serve with **lasagna (page 206)**.

rinde 6 porciones

1 cabeza de lechuga Romana
3 tomates medianos picados
1 pepino pelado y picado
½ taza de cebolla roja picada
½ taza de pimiento rojo picado
½ taza de pimiento verde picado
3 cucharadas de aceite de oliva
1½ cucharadas de jugo de limón
½ cucharadita de orégano seco
1 cucharadita de ajo picado finamente
4 olivas negras, cortadas en cuartos
⅓ de taza de queso feta, desmenuzado
   sal y pimienta al gusto

1. Lavar, secar y cortar la lechuga y los vegetales.
2. En un tazón de ensalada, mezclar la lechuga, los tomates, los pepinos, la cebolla y los pimientos; separar a un lado.
3. Cubrir y refrigerar hasta la hora de servir.
4. En un tazón pequeño, batir el aceite, el limón, el orégano y el ajo.
5. Añadir la mezcla de aceite de oliva; revolver levemente a la hora de servir y espolvorear con las olivas, el queso, la sal y la pimienta.

sugerencia
Servir con **lasaña (pagina 207)**.

ensaladas

green salad with strawberries

salads

  1 head Romaine lettuce
½ cup crumbled feta cheese
  2 cups fresh strawberries, washed, dried and sliced
  1 cup chopped walnuts
    balsamic vinaigrette dressing

1. Wash, dry and chop lettuce.
2. In a large bowl, mix lettuce, cheese, strawberries and walnuts.
3. Refrigerate covered until ready to serve.
4. Toss lightly with dressing.

tip
Serve with any beef dish.

ensalada verde con fresas

rinde 6 porciones

 1 cabeza de lechuga Romana
 ½ queso feta desmenuzado
 2 tazas de fresas frescas, lavadas, secadas y rebanadas
 1 taza de nueces picadas
   vinagreta balsámico

1. Lavar, secar y cortar la lechuga.
2. En un tazón grande, mezclar la lechuga, el queso, las fresas y los nueces.
3. Cubrir y refrigerar hasta la hora de servir.
4. Revolver ligeramente con el aderezo.

sugerencia
Servir con cualquier plato de carne de res.

mexican grilled chicken salad

serves 4

1 bag salad greens
6 roma tomatoes, rinsed and chopped
4 ears fresh corn on the cob, page 122, cooked and cut off the cob
1 (15 ounce) can black beans, rinsed and drained
1 red bell pepper, rinsed and chopped
3 green onions, rinsed and chopped
2 cups chicken breasts, page 164, (approximately 3 breasts), cooked and cubed
1 cup shredded cheddar cheese

spicy ranch dressing
  2 cups regular ranch dressing
  2 tablespoons taco seasoning
  1 pinch cayenne pepper
  ¼ cup picante sauce

1. In a large bowl, mix all salad ingredients and refrigerate until ready to serve.
2. In small bowl, mix all dressing ingredients.
3. Lightly toss salad with dressing.

tip
This is a great salad for leftover grilled chicken.

For a dish that is less spicy, substitute plain ranch for the spicy ranch.

ensalada de pollo asado mexicana

ensaladas

1 bolsa de lechugas mixtas
6 tomates roma enjuagados y picados
4 mazorcas de elote fresco, pagina 123, cocidos y desgranados
1 lata (de 15 onzas) de frijoles negros, enjuagados y escurridos
1 pimiento rojo enjuagado y picado
3 tallos de cebolla verde enjuagados y picados
2 tazas de pechugas de pollo, pagina 165, (aproximadamente 3 pechugas), cocidos y cortados
  en cubitos
1 taza de queso cheddar, rallado

aderezo sabor ranch picante
  2 tazas de aderezo sabor ranch regular
  2 cucharadas de sazón de taco
  1 pizca de pimienta de cayena
  ¼ de taza de salsa picante

1. En un tazón grande, mezclar todos los ingredientes de la ensalada y refrigerar hasta la hora de servir.
2. En un tazón pequeño, mezclar todos los ingredientes del aderezo.
3. Revolver levemente la ensalada con el aderezo.

sugerencia
Se puede usar las sobras del pollo asado para esta receta.

Para una receta menos picante, sustituir el aderezo sabor ranch en lugar del aderezo picante.

roast beef, feta cheese & pecan salad

serves 6

salad ingredients

1 bag salad greens

2 cups rinsed and sliced grapes

½ cup feta cheese

2 cups cooked, cubed roast beef

1 cup sweet and spicy pecans

   raspberry vinaigrette dressing

sweet and spicy pecans

2 tablespoons unsalted butter

2 cups pecan pieces

½ cup light brown sugar

1 teaspoon paprika

1 teaspoon chili powder

1 teaspoon ground cumin

¼ teaspoon salt

3 tablespoons apple cider vinegar

1. In a large bowl, mix salad greens, grapes, cheese and roast beef.
2. Refrigerate covered until ready to add pecans and dressing.
3. Preheat oven to 350˚ F to bake spicy pecans.
4. In a large skillet, melt butter over medium heat.
5. Add pecans and sauté until they are lightly browned for approximately 3 minutes.
6. Add brown sugar and cook until sugar is caramelized for approximately 2 minutes.
7. Stir in paprika, chili powder, cumin and salt.
8. Add vinegar and cook until all liquid has evaporated.
9. Spread pecans evenly on a baking sheet and bake at 350˚ F for 4 minutes until crisp; let cool.
10. Add 1 cup of pecans to salad mixture and toss with dressing before serving.
11. Save remaining pecans for future use.

tip
Serve with dinner rolls.

ensalada de asado de res, queso feta y nueces pecan

ingredientes para la ensalada

1 bolsa de lechugas mixtas

2 tazas de uvas, enjuagadas y en mitades

½ taza de queso feta

2 tazas de asado de res picado en cubitos

1 taza de nueces pecan dulces y picantes

aderezo sabor vinagre y mora

nueces pecan dulce y picante

2 cucharadas de mantequilla sin sal

2 tazas de pedacitos de nueces pecan

½ taza de azúcar moreno

1 cucharadita de paprika

1 cucharadita chile en polvo

1 cucharadita de comino en polvo

¼ de cucharadita de sal

3 cucharadas de vinagre de sidra de manzana

1. En un tazón grande, mezclar la bolsa de lechugas mixtas, las uvas, el queso y el asado de res.
2. Cubrir y refrigerar hasta la hora de añadir las nueces y el aderezo.
3. Calentar el horno a 350˚ F para hornear las nueces picantes.
4. En una sartén grande, derretir la mantequilla a fuego mediano.
5. Añadir las nueces y sofreír hasta que se doren levemente durante unos 3 minutos.
6. Aumentar el azúcar moreno y cocer durante 2 minutos más hasta que el azúcar esté un poco acaramelada.
7. Mezclar la paprika, el chile en polvo, el comino y la sal.
8. Añadir vinagre y cocer hasta que todo el líquido se haya evaporado.
9. Colocar una capa de nueces uniformemente en una bandeja de hornear y hornear a 350˚ F durante 4 minutos hasta que estén crocantes; dejar enfriar.
10. Aumentar una taza de nueces a la ensalada y añadir el aderezo a la hora de servir.
11. Guardar las nueces que sobran para usar más tarde.

sugerencia

Servir con rollos de pan.

ensaladas

taco salad

1 head Iceberg or Romaine lettuce
1½ pounds lean ground turkey
½ cup chopped white onion
1 cup frozen whole kernel corn
1 (15 ounce) can pinto beans, rinsed and drained
1 bag tortilla chips
  KRAFT CATALINA Dressing®

optional ingredients

2 large tomatoes, rinsed and chopped
½ green bell pepper, rinsed and chopped
1 cup shredded cheddar cheese
  guacamole, page 50

1. Wash, dry, chop and place lettuce in a large bowl.
2. Refrigerate covered until ready to serve.
3. Coat a large skillet with cooking spray and cook turkey with onions over medium heat.
4. Stir in corn and pinto beans; simmer for 10 minutes.
5. Place a handful of chips on individual plates and layer with lettuce and meat mixture.
6. Add dressing and top with optional ingredients.

tip

Substitute ground chicken or beef for ground turkey.

salads

ensalada de taco

rinde 6 porciones

1 cabeza de lechuga Romana o "Iceberg"
1½ libra de pavo molido
½ taza de cebolla blanca, picada
1 taza de granos de elote congelados
1 lata (de 15 onzas) de frijoles pinto, enjuagados y escurridos
1 bolsa de tortillas fritas
aderezo sabor KRAFT CATALINA Dressing®

<u>ingredientes opcionales</u>
2 tomate grandes enjuagados y picados
½ pimiento verde, enjuagado y picado
1 taza de queso cheddar, rallado
guacamole, pagina 51

1. Lavar, secar y cortar la lechuga y ponerlo dentro un tazón grande.
2. Cubrir y refrigerar hasta la hora de servir.
3. Rociar una sartén con aceite rociador y sofreír el pavo con la cebolla sobre fuego mediano.
4. Mezclar el elote con los frijoles pinto; cocer a fuego lento durante 10 minutos.
5. Servir con un puñado de tortillas fritas en platos individuales y hacer capas con la lechuga y el pavo cocido.
6. Añadir el aderezo y con los ingredientes opcionales.

sugerencia
Sustituir carne de pollo o res con pavo molido.

tomato, basil & mozzarella salad

serves 6

⅓ cup olive oil
3 tablespoons balsamic vinegar
½ teaspoon salt
¼ teaspoon pepper
4 red tomatoes, rinsed and sliced ¼-inch thick
8 slices fresh mozzarella, ¼-inch thick
8 basil leaves, washed and dried

1. In a small bowl, combine olive oil, balsamic vinegar, salt and pepper; set aside.
2. On a platter, alternate tomatoes, mozzarella and basil; arrange in a circle.
3. Cover lightly with dressing before serving.

tip
Serve with **rigatoni pasta (page 212)**.

ensalada de tomate, albahaca y mozzarella

rinde 6 porciones

⅓ de taza de aceite de oliva

3 cucharadas de vinagre balsámico

½ cucharadita de sal

¼ de cucharadita de pimienta

4 tomates, enjuagados y cortados en rebanadas de ¼ pulgada de grueso

8 rebanadas de ¼ pulgada de grueso de mozzarella fresca

8 hojas de albahaca fresca, enjuagadas y secadas

1. En un tazón pequeño, combinar el aceite, el vinagre, la sal y la pimienta; separar a un lado.
2. En un plato de servir, alterne las rodajas de tomates, el queso y las hojas de albahaca; colocándoles en forma de circulo.
3. Cubrir ligeramente con el aderezo antes de servir.

sugerencia
Servir con **pasta rigatoni (pagina 213).**

tortellini salad with chicken

serves 6

1 (20 ounce) package refrigerated cheese tortellini
1 bunch of asparagus, rinsed
1 container of cherry tomatoes, washed and halved
¼ cup shredded Parmesan cheese
1½ cups chicken breasts, page 164, (approximately 3 breasts), chopped and cooled
    vinaigrette salad dressing
    salt and pepper to taste

1.   In a large pot, cook tortellini in boiling water until tender.
2.   In a medium pot, boil asparagus for 3-4 minutes or until crisp-tender.
3.   Drain asparagus, let cool, cut into 1-inch pieces and add to tortellini.
4.   In a large bowl, combine tomatoes, cheese and chicken.
5.   Add cooled pasta mixture and toss lightly with dressing.
6.   Add salt and pepper to taste.

tip
Serve with **basic dinner salad (page 84)**.

time saver:
Use white meat from a cooked rotisserie chicken.

ensalada tortellini con pollo

rinde 6 porciones

1 paquete refrigerado (de 20 onzas) de pasta tortellini de queso
1 puñado de espárragos, enjuagados
1 canasto de tomates cherry, enjuagados y cortados en mitades
¼ de taza de queso parmesano rallado
1½ tazas de pechugas de pollo, pagina 165, (aproximadamente 3 pechugas), cocidas, picadas, enfriadas
    aderezo sabor vinagreta
    sal y pimienta al gusto

1. En una olla grande, cocer el tortellini en agua hirviendo hasta que los fideos estén blandos.;
2. En una olla mediana, hacer hervir el agua con los espárragos durante 3-4 minutos o hasta que estén crujientes pero no duros.
3. Cernir los espárragos, dejar enfriar, cortarlos en pedazos de 1-pulgada y añadir al tortellini.
4. En un tazón grande, agregar los tomates, el queso y el pollo.
5. Añadir la pasta fría y revolver levemente con el aderezo.
6. Añadir sal y pimienta al gusto.

sugerencia
Servir con **ensalada básica [pagina 85]**.

para ahorrar tiempo:
Usar la carne blanca de un pollo rostizado.

warm spinach salad

1 bag fresh spinach
1½ cups rinsed and sliced mushrooms
¼ cup chopped red onion
2 hard boiled eggs, page 30, chopped
4 slices bacon
2 tablespoons bacon drippings
1½ tablespoons sugar
3 tablespoons vinegar
1 tablespoon water
salt and pepper to taste

1. In a large salad bowl, combine spinach, mushrooms, onion and eggs; set aside.
2. In a skillet, cook bacon until crisp, remove and crumble; set aside while reserving 2 tablespoons bacon drippings.
3. In a skillet combine bacon drippings, sugar, vinegar, water, salt and pepper.
4. Bring the mixture to a boil and remove skillet from heat.
5. Add the spinach mixture to the skillet and toss until the spinach is slightly wilted.
6. Put mixture back into salad bowl and top with crumbled bacon.

time saver:
Substitute ½ cup of real bacon bits and 2 tablespoons of vegetable oil for real bacon.
Heat bacon bits with oil for 2 minutes, drain and save oil to use as bacon drippings.

salads

ensalada de espinaca caliente

rinde 6 porciones

1 bolsa de espinaca fresca
1½ tazas de champiñones, enjuagados y rebanados
¼ de taza de cebolla roja picada
2 huevos duros, pagina 31, picados
4 rebanadas de tocino
2 cucharadas de manteca de tocino
1½ cucharadas de azúcar
3 cucharadas de vinagre
1 cucharada de agua
sal y pimienta al gusto

1. En un tazón grande, combinar la espinaca con los champiñones, la cebolla y los huevos; separar a un lado.
2. En una sartén, freír bien el tocino hasta que esté crujiente; desmenuzar, separar a un lado y reservar 2 cucharadas de la grasa del tocino.
3. En la sartén combinar 2 cucharadas de grasa de tocino, el azúcar, el vinagre, el agua, la sal y la pimienta.
4. Hervir y quitar la sartén del fuego.
5. Añadir la mezcla de espinaca a la sartén y mezclar bien.
6. Regresar la ensalada al tazón y espolvorear con el tocino.

para ahorrar tiempo:
Sustituir ½ taza de pedacitos de tocino autentico en tarro y 2 cucharadas de aceite en vez del tocino. Calentar los pedacitos de tocino con el aceite durante 2 minutos, escurrir y guardar la grasa para usar en la receta.

measurements | medidas

1	cup	=	1	taza	=	235	ml
½	cup	=	½	taza	=	120	ml
⅓	cup	=	⅓	taza	=	75	ml
¼	cup	=	¼	taza	=	60	ml
⅛	cup	=	⅛	taza	=	30	ml
1	tablespoon	=	1	cucharada	=	15	ml
½	tablespoon	=	½	cucharada	=	7.5	ml
1	teaspoon	=	1	cucharadita	=	5	ml
½	teaspoon	=	½	cucharadita	=	2.5	ml
⅓	teaspoon	=	⅓	cucharadita	=	1.75	ml
¼	teaspoon	=	¼	cucharadita	=	1.25	ml

vegetables & sides | vegetales y acompañamientos

applesauce 114 | puré de manzana 115

baked potatoes 116 | papas al horno 117

broccoli rice casserole 118 | cacerola de arroz con brócoli 119

corn casserole 120 | cacerola de elote 121

fresh corn on the cob 122 | mazorcas de elote fresco 123

green beans 124 | ejotes 125

mashed potatoes 126 | puré de papa 127

oven roasted vegetables 128 | vegetales al horno 129

red beans & rice 130 | frijoles rojos con arroz 131

sliced baked tomatoes 132 | rebanadas de tomate horneado 133

twice baked potatoes 134 | papas dos veces horneadas 135

wild rice casserole 136 | cacerola de arroz silvestre 137

applesauce

4 large apples
½ cup water
1 tablespoon cinnamon
2 tablespoons sugar

1. Wash, peel and slice apples into cubes.
2. In a medium sauce pan, combine all ingredients.
3. Simmer on medium heat until apples are soft.
4. Whisk with a fork and serve warm.

tip
Serve with **pork chops (page 192)** or **easy roast beef (page 150)**.

vegetables sides

puré de manzana

rinde 4 porciones

4 manzanas grandes
½ taza de agua
1 cucharada de canela en polvo
2 cucharadas de azúcar

1. Lavar, pelar y cortar las manzanas en cubitos.
2. En una cacerola mediana, combinar todos los ingredientes.
3. A fuego mediano, cocer las manzanas hasta que estén suaves.
4. Batir con un tenedor y servir caliente.

sugerencia
Servir con **chuletas de cerdo (pagina 193)** o **asado de carne de res (pagina 151)**.

vegetales
acompañamientos

# baked potatoes

4 large potatoes

topping ideas:
butter
salt and pepper
cheddar cheese, shredded
bacon bits
sour cream
chives, chopped

1. Wash potatoes until completely clean.
2. Prick each potato with a fork several times.
3. Wrap each potato in a moist paper towel and microwave on high for 8 minutes.
4. Flip potatoes and microwave for an additional 4 minutes.
5. Continue cooking until potatoes are soft when pricked with a fork.
6. Cut each potato lengthwise and add desired toppings.

tip
Potatoes can be wrapped in foil and baked or grilled at 425° F for 1 hour.

papas al horno

rinde 4 porciones

4 papas grandes

<u>ingredientes para añadir a la papa:</u>
mantequilla
sal y pimienta
queso cheddar, rallado
pedazos de tocino frito
crema agria
cebollinos picados

1. Lavar bien las papas hasta que estén limpias.
2. Con un tenedor, pinchar cada papa en todo su alrededor.
3. Cubrir cada papa con una toalla de papel mojada y colocar dentro de la microondas durante 8 minutos.
4. Dar la vuelta y cocer durante 4 minutos más.
5. Cocer las papas hasta que estén suaves al pincharles con un tenedor
6. Hacer un corte a lo largo de cada papa y añadir los ingredientes que desee cada persona.

sugerencia
Se puede hornear las papas envueltas en papel aluminio a 425° F o cocerlas a la parrilla durante 1 hora.

vegetales
acompañamientos

broccoli & rice casserole

serves 6

½ stick butter
½ cup chopped onion
1 (10 ounce) package frozen, chopped broccoli, thawed
1 (10 ounce) can cream of mushroom soup
1 cup cheddar cheese, shredded
1 cup cooked rice

1. In a large skillet, melt butter; add onion and sauté for 3 minutes until onion is translucent.
2. Remove from heat and add broccoli, soup and cheese; mix and set aside.
3. Put rice into a greased 8x8-inch baking dish and pour broccoli mixture on top.
4. Bake uncovered at 325° F for 30 minutes.

cacerola de arroz con brócoli

rinde 6 porciones

½ barra de mantequilla
½ taza de cebolla picada
1 paquete congelado (de 10 onzas) de brócoli, descongelado y en ramilletes pequeños
1 lata (de 10 onzas) de sopa de champiñones
1 taza queso cheddar, rallado
1 taza de arroz, cocido

1. En una sartén grande, derretir la mantequilla; añadir la cebolla y sofreír durante 3 minutos hasta que luzca transparente.
2. Quitar del fuego y añadir brócoli, sopa y queso; mezclar y separar a un lado.
3. Colocar arroz dentro de un molde engrasado de 8x8-pulgadas y verter la mezcla de brócoli sobre el arroz.
4. Hornear destapado a 325° F durante 30 minutos.

corn casserole

1 egg, beaten
½ stick butter, melted
1 (8 ounce) can whole kernel corn, rinsed and drained
1 (8 ounce) can cream corn
1 (8 ounce) box corn muffin mix
1 cup plain yogurt

1. In a medium size bowl, mix all ingredients.
2. Pour mixture into a greased 8x8-inch baking dish.
3. Bake at 350° F for 45 minutes or until it sets in the center.

tip
Serve with **beef brisket (page 142)**.

vegetables
sides

www.porfavornanny.com

cacerola de elote

rinde 8 porciones

1 huevo batido
½ barra de mantequilla derretida
1 lata (de 8 onzas) de granos de elote, enjuagados y escurridos
1 lata (de 8 onzas) de crema de elote
1 caja (de 8 onzas) de harina de maíz para magdalenas
1 taza de yogur sabor natural

1. En un tazón mediano, mezclar todos los ingredientes.
2. Verter la mezcla en un recipiente de hornear engrasada de 8x8-pulgadas.
3. Hornear a 350° F durante 45 minutos o hasta que esté firme en el centro.

sugerencia
Servir con **horneado de res "brisket" (pagina 143)**.

fresh corn on the cob

serves 4

6 cups water
4 ears fresh corn

1. In a large pot boil water.
2. Remove husks, rinse corn and place in boiling water.
3. Reduce heat to medium and cook for 6 minutes.
4. Remove corn and serve.

tip
Cut corn off the cob for soups and salads.

mazorcas de elote fresco

rinde 4 porciones

6 tazas de agua
4 mazorcas de elote fresco

1. En una olla grande, hacer hervir el agua.
2. Quitar la cascara de las mazorcas, enjuagarlos y ponerlos en el agua hirviente.
3. Reducir el fuego y cocer a fuego mediano durante 6 minutos más.
4. Sacar la mazorcas del agua y servir.

sugerencia
Desgranar las mazorcas para añadir el elote a las sopas y las ensaladas.

vegetales
acompañamientos

green beans

¼ cup real bacon bits
1 teaspoon minced garlic
¼ cup chopped onion
1 tablespoon canola oil
1 (10 ounce) bag frozen green beans

1. In a large saucepan, sauté bacon, garlic and onion with canola oil for 3 minutes until onion is translucent.
1. In a large pot of boiling water, cook green beans for 10 minutes.
2. Mix cooked green beans with bacon and serve warm.

tip
Real bacon bits can be found next to salad dressing at most grocery stores.

vegetables **sides**

rinde 8 porciones

¼ de taza de pedacitos de tocino autentico en tarro
1 cucharadita de ajo, picado finamente
¼ de taza de cebolla picada
1 cucharada de aceite canola
1 bolsa congelada (de 10 onzas) de ejotes

1. En una sartén grande sofreír el tocino, el ajo y la cebolla con el aceite durante 3 minutos o hasta que la cebolla luzca transparente.
2. En una olla grande de agua hirviente, añadir los ejotes y cocer durante 10 minutos.
3. Revolver levemente los ejotes con el tocino y servir caliente.

sugerencia
Se puede encontrar un tarro de pedacitos de tocino autentico en tarro al lado de los aderezos en el supermercado.

vegetales
acompañamientos

mashed potatoes

   4 large potatoes
½ stick butter
 1 cup sour cream
½ cup milk
½ tablespoon garlic powder
 1 teaspoon salt
 1 teaspoon pepper

1. Wash potatoes until completely clean.
2. In a large saucepan, cover potatoes with water and let boil for 20 minutes until tender; drain.
3. Peel each potato and mash them inside the saucepan.
4. Add remaining ingredients and mix until smooth. If needed, add additional milk to reach desired consistency.

tip
Serve with **meatloaf (page 152)**.

Leave potato skins on for extra nutrients.

puré de papa

rinde 8 porciones

 4 papas grandes
½ barra de mantequilla
 1 taza de crema agria
½ taza de leche
½ cucharada de ajo en polvo
 1 cucharadita de sal
 1 cucharadita de pimienta

1. Lavar bien las papas.
2. En una cacerola grande, cubrir las papas con agua y hacer hervir durante 20 minutos hasta que suavicen; escurrir.
3. Pelar cada papa y aplastarlas en la cacerola.
4. Añadir los demás ingredientes y mezclar hasta que esté cremosa. Si es necesario, añadir más leche para tener la consistencia al gusto.

sugerencia
Servir con **pastel de carne (pagina 153)**.

No pelar las papas (bien lavadas) para obtener los nutrientes de la cascara.

oven roasted vegetables

4 red potatoes
2 large carrots, peeled
2 tablespoons olive oil
  salt and pepper to taste

1. Wash, dry and cut vegetables into bite size pieces.
2. Place vegetables in greased 13x9-inch casserole dish and drizzle with olive oil, salt and pepper.
3. Bake uncovered at 350° F for 40 minutes, stirring occasionally. Vegetables will be tender when done.

tip
Substitute zucchini and squash for potatoes and carrots; reduce the baking time to 25 minutes.

vegetables
sides

vegetales al horno

rinde 6 porciones

4 papas coloradas
2 zanahorias grandes, peladas
2 cucharadas de aceite de oliva
   sal y pimienta al gusto

1. Lavar, secar y cortar los vegetales en tajadas pequeñas.
2. Colocar vegetales en un recipiente de hornear engrasado de 13x9-pulgadas y verter con aceite de oliva, sal y pimienta.
3. Hornear destapado a 350° F durante 40 minutos, revolviendo ocasionalmente hasta que suavicen.

sugerencia

Sustituir zucchini y calabaza "squash" por papas y zanahorias; reducir el tiempo de hornear a 25 minutos.

red beans & rice

serves 4

1 small bag dried red beans
3 slices bacon
1 large onion, chopped
½ cup rinsed and chopped celery
1 bell pepper, rinsed and chopped
2 tablespoons rinsed and chopped parsley
1½ teaspoons chili powder
2 cups uncooked link sausage, cubed
2 cups rice, cooked
salt and pepper to taste

topping ideas:
green onions, chopped
cheddar cheese, shredded

1. Soak beans in a pot of water overnight; drain, rinse and drain again before cooking.
2. In a large pot, cover beans with 4 cups water and bring to a boil.
3. In a large skillet, fry bacon, chop and add to beans. Reserve bacon drippings.
4. Sauté onion, celery and bell pepper in the bacon drippings until soft (do not overcook). NEVER PUT GREASE DOWN THE SINK.
5. Add sautéed vegetables, parsley, chili powder and sausage to beans.
6. Cover and simmer for 1½ hours. If beans become too thick, add water as needed.
7. Serve red beans in a bowl over rice.
8. Top with chopped green onions and shredded cheddar cheese if desired.

tip
For a faster recipe, substitute 2 cans red kidney beans (15 ounces each) and 3 tablespoons real bacon bits for the bacon.

vegetables sides

frijoles rojos con arroz

rinde 4 porciones

1 bolsa pequeña de frijoles rojos, secos
3 rebanadas de tocino
1 cebolla grande, picada
½ taza de apio enjuagado y picado
1 pimiento enjuagado y picado
2 cucharadas de perejil enjuagado y picado
1½ cucharaditas de chile en polvo
2 tazas de salchicha, "link sausage," en cuadritos
2 tazas de arroz cocido
sal y pimienta al gusto

ingredientes para añadir encima:
cebolla verde picada
queso cheddar, rallado

1. Remojar frijoles en una olla de agua durante la noche; escurrir y enjuagar y escurrir nuevamente antes de cocinar.
2. En una olla grande, cubrir los frijoles con 4 tazas de agua y hacer hervir.
3. En una sartén grande, freír el tocino, cortar y añadir a los frijoles. Guardar la grasa del tocino.
4. Sofreír la cebolla, el apio y el pimiento en la grasa del tocino y cocer hasta que estén suaves (no sobre cocer). NUNCA DESECHAR EL ACEITE DENTRO DEL LAVABO.
5. Añadir los vegetales, el perejil, el chile en polvo y la salchicha a los frijoles.
6. Cubrir y cocer a fuego lento durante 1½ horas. Si los frijoles se espesan, añadir agua al gusto.
7. Servir los frijoles rojos en un tazones individuales con el arroz debajo.
8. Espolvorear con las cebollas verdes y el queso, si desea.

sugerencia
Para una receta más rápida usar 2 latas de frijoles "kidney" (de 15 onzas cada uno) y añadir 3 cucharadas de pedacitos de tocino autentico en tarro.

vegetales
acompañamientos

sliced baked tomatoes

2 large beefsteak tomatoes, rinsed
4 ounces cream cheese
2 tablespoons butter
1 tablespoon rinsed and chopped green onions
1 (10 ounce) package frozen spinach, cooked and drained
¼ cup bread crumbs
1 (12 ounce) package shredded mozzarella cheese
Tony Chachere's® to taste

1. Cut each tomato into 4 equal slices.
2. Place tomato slices in a single layer on a greased 13x9-inch baking dish.
3. In a medium saucepan, heat cream cheese, butter and green onions over low heat until melted; stir frequently.
4. Add spinach and bread crumbs to the cream cheese mixture.
5. Place a spoonful of spinach mixture in the center of each tomato slice and sprinkle the cheese.
6. Bake at 350˚ F for 15 minutes. Serve immediately.

tip
Serve with **easy roast beef (page 150)** and dinner rolls.

rebanadas de tomate horneado

rinde 8 porciones

2 tomates grandes
4 onzas de queso crema
2 cucharadas de mantequilla
1 cucharada de cebolla verde, enjuagada y picada
1 paquete congelado (de 10 onzas) de espinaca, cocida y escurrida
¼ de taza de migas de pan seco
1 paquete (de 12 onzas) de queso mozzarella, rallado
Tony Chachere's® al gusto

1. Cortar cada tomate en 4 rebanadas iguales.
2. Colocar una capa de las rebanadas de tomates dentro de un molde engrasado de 13x9-pulgadas.
3. En una sartén mediana, calentar el queso crema, la mantequilla y la cebolla verde sobre fuego lento hasta que la mantequilla se derrita; revolver frecuentemente para evitar que se queme.
4. Añadir la espinaca y el pan a la mezcla de queso.
5. Colocar una cucharada de la mezcla de espinaca en el centro de cada rebanada de tomate y espolvorear el queso encima.
6. Hornear a 350° F durante 15 minutos. Servir de inmediato.

sugerencia
Servir con **asado de carne de res (pagina 151)** y rollos de pan.

twice baked potatoes

serves 8

4 large potatoes
½ stick butter
1 cup sour cream
½ cup milk
½ tablespoon garlic powder
1 teaspoon salt
1 teaspoon pepper
1 cup shredded cheddar cheese

1. Wash potatoes until completely clean.
2. Prick each potato with a fork several times.
3. Wrap each potato in a moist paper towel and microwave on high for 8 minutes.
4. Flip potatoes and microwave for an additional 4 minutes.
5. Cook until potatoes are soft when tested with a fork.
6. Cut each potato lengthwise and scoop out the inside of each half, leaving the skin intact.
7. Put potatoes in a large mixing bowl with butter, sour cream, milk, garlic powder, salt and pepper.
8. Beat for 3 minutes. If needed, add additional milk until potatoes are smooth.
9. Divide the potato mixture into each potato skin and cover with cheese.
10. Bake at 350° F for 20 minutes until cheese is melted.

tip
Serve with **pork chops (page 192)**.

vegetables sides

papas dos veces horneadas

rinde 8 porciones

4 papas grandes
½ barra de mantequilla
1 taza de crema agria
½ taza de leche
½ cucharada de ajo en polvo
1 cucharadita de sal
1 cucharadita de pimienta
1 taza de queso cheddar, rallado

1. Lavar bien las papas.
2. Con un tenedor, pinchar cada papa en todo su alrededor.
3. Cubrir cada papa con una toalla de papel mojada y colocar dentro de la microondas durante 8 minutos.
4. Dar la vuelta y cocer durante 4 minutos más.
5. Cocer las papas hasta que estén suaves al pinchar con un tenedor.
6. Cortar cada papa en la mitad a lo largo y sacar el contenido de las papas sin destrozar la cáscara de la papa.
7. Poner el contenido de las papas en un tazón grande con la mantequilla, la crema agria, la leche, el ajo en polvo, la sal y la pimienta.
8. Batir bien durante 3 minutos. Si es necesario, añadir más leche hasta que la mezcla esté cremosa.
9. Llenar cada cáscara usando toda la mezcla y espolvorear cada papa con el queso rallado.
10. Hornear a 350° F durante 20 minutos hasta que el queso se derrita.

sugerencia
Servir con **chuletas de cerdo (pagina 193)**.

wild rice casserole

serves 6

1 cup wild rice
1 (10 ounce) can French Onion soup
2 cups water
1 (4 ounce) can sliced mushrooms, drained
1 (8 ounce) can sliced water chestnuts, drained
4 tablespoons butter, sliced

1. In a medium bowl, mix all ingredients except butter and pour into a greased 8x11.5-inch casserole dish. Top with slices of butter.
2. Bake at 350˚ F for 50 minutes, remove from oven, cover with foil and let stand for 5 minutes.

tip
Serve with **tilapia (page 198)** and **basic dinner salad (page 84)**.

time saver:
Add 4 uncooked boneless, skinless chicken breasts to casserole cover and bake at 350˚ F for 1 hour.

for picky eaters:
Leave out water chestnuts.

cacerola de arroz silvestre

1 taza de arroz silvestre
1 lata (de 10 onzas) de sopa de cebolla francesa
2 tazas de agua
1 lata (de 4 onzas) de champiñones rebanados, escurridos
1 lata (de 8 onzas) de rebanadas de castañas de agua, escurridas
4 cucharadas de mantequilla, en rebanadas

1. En un tazón mediano, mezclar todos los ingredientes menos la mantequilla y verter dentro un molde engrasado de 8x11.5-pulgadas. Colocar rebanadas de mantequilla en cima.
2. Hornear a 350° F durante 50 minutos; cubrir con papel aluminio y dejar reposar durante 5 minutos.

sugerencia
Servir con **tilapia (pagina 199)** y **ensalada básica (pagina 85)**.

para ahorrar tiempo:
Añadir 4 pechugas de pollo crudas, deshuesadas y sin piel a la cacerola; cubrir y hornear a 350° F durante 1 hora.

para los melindrosos:
Cocer sin castañas de agua.

vegetales
acompañamientos

measurements | medidas

1	cup	=	1	taza	=	235 ml
½	cup	=	½	taza	=	120 ml
⅓	cup	=	⅓	taza	=	75 ml
¼	cup	=	¼	taza	=	60 ml
⅛	cup	=	⅛	taza	=	30 ml
1	tablespoon	=	1	cucharada	=	15 ml
½	tablespoon	=	½	cucharada	=	7.5 ml
1	teaspoon	=	1	cucharadita	=	5 ml
½	teaspoon	=	½	cucharadita	=	2.5 ml
⅓	teaspoon	=	⅓	cucharadita	=	1.75 ml
¼	teaspoon	=	¼	cucharadita	=	1.25 ml

beef | carne de res

basic hamburger

beef

hamburger patty ingredients

1 pound ground beef

1 egg beaten

¼ teaspoon salt

¼ teaspoon pepper

4 hamburger buns

topping choices

sliced cheese

ketchup

mustard

mayonnaise

lettuce

sliced tomato

pickles

1. In a medium size bowl, mix first 4 ingredients.
2. Divide into 4 equal balls and mold into patties that are approximately 4 inches in diameter.
3. Spray grill rack with cooking spray and preheat for 5 minutes.
4. Grill patties for 5-7 minutes on each side.
5. Grill or lightly toast hamburger buns.
6. Place burgers on buns and add desired toppings.

tip
Serve with chips and watermelon.

hamburguesa básica

rinde 4 porciones

<u>ingredientes de la hamburguesa</u>

1 libra de carne molida

1 huevo batido

¼ de cucharadita de sal

¼ de cucharadita de pimienta

4 panes de hamburguesa

<u>ingredientes opcionales</u>

rebanadas de queso

catsup

mostaza

mayonesa

lechuga

rebanadas de tomate

rebanadas de pepinos encurtidos

1. En un tazón mediano, mezclar los 4 primeros ingredientes.
2. Dividir la mezcla en 4 bolas individuales y formar cada una en forma de hamburguesa aproximadamente 4 pulgadas diámetro.
3. Rociar la parrilla con aceite rociador y calentar la parrilla durante 5 minutos antes de usar.
4. Asar hamburguesa a la parrilla durante 5-7 minutos a cada lado.
5. Asar o tostar el pan de hamburguesa.
6. Colocar las hamburguesas sobre el pan y añadir los ingredientes que desean.

sugerencia
Servir con tortillas fritas y sandía.

beef brisket

4½ pounds beef brisket
1 envelope dry onion soup mix
½ teaspoon garlic salt
1 jar (16-18 ounces) barbecue sauce

1. Place brisket fat side down in a roasting pan.
2. Sprinkle brisket with soup mix and garlic salt.
3. Pour barbecue sauce over beef.
4. Loosely cover with foil and bake at 325° F for 3 hours or until tender.

tip
Serve with **corn casserole (page 120)**.

time saver:
Cook in crock-pot® for 4 hours.

Oven times vary, so continue cooking until beef pulls apart easily with a fork.

beef

horneado de res "brisket"

rinde 8 porciones

4½ libras de res "brisket"
  1 sobre de sopa de cebolla seca
 ½ cucharadita de sal de ajo
  1 tarro (de 16-18 onzas) de salsa de barbacoa

1. Colocar la carne con la grasa hacia abajo dentro de un recipiente de hornear poco profundo.
2. Espolvorear la carne el paquete de sopa y sal de ajo.
3. Verter la salsa de barbacoa encima de la carne.
4. Cubrir, un poco flojo, con papel aluminio y hornear a 325° F durante 3 horas o hasta que se suavice la carne.

sugerencia
Servir con **cacerola de elote [pagina 121]**.

para ahorrar tiempo:
Cocer en una olla eléctrica de cocción lenta durante 4 horas.

El tiempo de hornear puede variar. Seguir horneando hasta que se puede desmenuzar la carne fácilmente con un tenedor.

carne de res

beef & chili enchiladas

  1 pound ground beef
  2 (16 ounce) cans tomato sauce
  2 (1 ounce) packets chili mix
 12 corn tortillas
  2 cups shredded cheddar cheese

1. In a large skillet, brown meat until fully cooked.
2. Remove from heat and drain grease into an empty can or glass container.
    NEVER PUT GREASE DOWN THE SINK.
3. Mix tomato sauce and chili mix with meat.
4. Pour ½ of the meat mixture in the bottom of an 8x11.5-inch casserole dish, layer 6 tortillas and
    1 cup of cheese.
5. Continue layering the remaining meat mixture, tortillas and cheese.
6. Bake uncovered at 350° F for 20 minutes until cheese is melted.

tip
Serve with sliced avocados, **red beans & rice (page 130)**.

beef

enchiladas de carne

rinde 6 porciones

 1 libra de carne de res
 2 latas (de 16 onzas) de salsa de tomate
 2 sobres (de 1 onza) de "chile mix"
12 tortillas de maíz
 2 tazas de queso cheddar, rallado

1. En una sartén grande, freír la carne molida hasta que esté bien cocida.
2. Quitar del fuego y cernir la grasa dentro de una lata que se puede desechar a la basura. NUNCA DESECHAR LA GRASA EN EL LAVABO.
3. Mezclar la salsa de tomate y el sobre de "chile mix" con la carne.
4. Poner ½ de la mezcla de carne en un molde de 8x11.5-pulgadas, hacer una capa con 6 tortillas de maíz y una capa con una taza de queso.
5. Continuar haciendo capas con mezcla de carne, tortillas y queso.
6. Hornear sin cubrir a 350° F durante 20 minutos hasta que el queso se derrita.

sugerencia
Servir con tajadas de aguacates, **frijoles rojos con arroz (pagina 131)**.

carne de res

beef stew for the crock-pot®

1½ pounds stew beef, cut into 1½ inch cubes
  2 tablespoons flour
  1 teaspoon salt
  1 teaspoon pepper
  2 tablespoons vegetable oil
  2 (6 ounce) can tomato paste
  3 tablespoons balsamic vinegar
  2 medium onions, cut into 1 inch cubes
  6 small red potatoes, cubed
  6 carrots, cut in 1½ inch lengths
  1 tablespoon minced garlic
  2 bay leaves
  4 cups water

1. In a small bowl, mix flour, salt and pepper; coat beef with mixture.
2. In a large skillet, heat oil and add beef.
3. Sear beef over high heat for 5 minutes, browning all sides.
4. Transfer meat to crock-pot® and stir in remaining ingredients.
5. Cover and cook for 4 hours on high heat.

tip
Serve with **basic dinner salad (page 84)** and corn bread.

beef

potaje de res para la olla lenta

rinde 6 porciones

1½ libras de carne de res "stew beef," cortada en cubitos de 1½ pulgadas

2 cucharadas de harina

1 cucharadita de sal

1 cucharadita de pimienta

2 cucharadas de aceite vegetal

2 latas (de 6 onzas) de pasta de tomate

3 cucharadas de vinagre balsámico

2 cebollas medianas, cortadas en cubos de 1 pulgada

6 papas rojas pequeñas y cortadas en cubitos

6 zanahorias, cortadas en tiras de 1½ pulgadas

1 cucharada de ajo, picado finamente

2 hojas de laurel

4 tazas de agua

1. En un tazón pequeño, mezclar la harina, la sal y la pimienta; cubrir la carne de res con esta mezcla.
2. En una sartén grande, calentar el aceite y añadir la carne.
3. Freír la carne a cada lado a fuego alto durante 5 minutos hasta que se dore.
4. Colocar la carne en la olla lenta y añadir los demás ingredientes.
5. Tapar la olla y cocer durante 4 horas a temperatura alta.

sugerencia
Servir con **ensalada básica (pagina 85)** y pan de elote.

beef tacos

1 pound ground beef
1 (1 ounce) packet taco seasoning
¾ cup water
12 flour tortillas or taco shells

toppings
shredded lettuce
chopped tomatoes
shredded cheddar cheese
sliced avocado
picante sauce
sour cream

1. In a large skillet, brown meat until fully cooked.
2. Remove from heat and drain grease into an empty can or glass container. NEVER PUT GREASE DOWN THE SINK.
3. Return to heat, stir in taco seasoning and water; simmer for 5 minutes.
4. Layer meat and desired toppings into warm tortillas or crispy taco shells (follow package directions).

tip
Serve with **guacamole (page 50)** and **tres leches cake (page 242)**.

Substitute fajita chicken, steak or ground turkey for ground beef.

beef

tacos de carne

rinde 6 porciones

1 libra de carne de res molida
1 paquete (de 1 onza) de sazón de taco
¾ de taza de agua
12 tortillas de harina o tortillas crujientes de taco

<u>ingredientes para añadir</u>
lechuga picada finamente
tomates picados
queso cheddar, rallado
tajadas de aguacate
salsa picante
crema agria

carne de res

1. En una sartén grande, freír la carne hasta que esté bien cocida.
2. Sacar del fuego y cernir la grasa dentro de una lata que se puede desechar a la basura. NUNCA DESECHAR LA GRASA EN EL LAVABO.
3. Regresar al fuego, mezclar la sazón de taco y aumentar el agua; cocer a fuego lento durante 5 minutos.
4. Hacer capas con la carne y los ingredientes deseados y colocar dentro de las tortillas de harina o las tortillas crujientes (seguir las direcciones del paquete).

sugerencia
Servir con **guacamole (pagina 51)** y **pastel de tres leches (pagina 243)**.

Sustituir la carne molida con fajitas de pollo, bistec o pavo molido.

easy roast beef

serves 10

roast beef ingredients

1 rump roast (5-8 pounds)

salt and pepper to taste

red sauce

½ cup ketchup

½ cup mayonnaise

1 teaspoon horseradish

1. Let the roast warm up to room temperature for an hour before cooking.
2. Place roast on wire rack in a shallow roasting pan with fat side up; season with salt and pepper.
3. Roast at 350° F for 25 minutes per pound (see chart below).
4. Remove from oven and let stand for 15-20 minutes.
5. Slice thin and serve warm.
6. In a small bowl, mix together all red sauce ingredients.
7. Drizzle roast beef with red sauce if desired.

tip

Serve with **broccoli & rice casserole (page 118)** and **applesauce (page 114)**.

leftovers

sandwiches

vegetable beef soup (page 80)

roast beef, feta cheese & pecan salad (page 102)

stroganoff (page 154)

cook times

4 pounds =	1 hour 40 min.
5 pounds =	2 hours 5 min.
6 pounds =	2 hours 30 min.
7 pounds =	2 hours 55 min.

beef

asado de carne de res

ingredientes para el asado de res

1 lomo fino de res "rump roast" (5-8 libras)

sal y pimienta al gusto

salsa roja

½ taza de catsup

½ taza de mayonesa

1 cucharadita de rábano picante

1. Sacar la carne del refrigerador y ponerla a un lado durante una hora antes de cocinar.
2. Colocar la carne encima de una parrilla en un recipiente poco profundo con el gordo hacia arriba; sazonar con sal y pimienta.
3. Hornear destapado a 350° F por 25 minutos por cada libra (mirar el cuadro abajo).
4. Sacar la carne del horno y dejarla enfriar durante 15-20 minutos.
5. Cortar en rebanadas y servir caliente.
6. En un tazón pequeño, mezclar los ingredientes de la salsa roja.
7. Regar la salsa roja sobre la carne si desea.

carne de res

sugerencia

Servir con **cacerola de arroz con brócoli (pagina 119)** o **puré de manzana (pagina 115)**.

con las sobras

sándwiches

sopa de res con vegetales (pagina 81)

ensalada de asado de res, queso feta (pagina 103)

stroganoff (pagina 155)

tiempo de cocción

4 libras =	1 hora 40 min.
5 libras =	2 horas 5 min.
6 libras =	2 horas 30 min.
7 libras =	2 horas 55 min.

meatloaf

1 can (14 ounce) tomato sauce, divided
1 package meatloaf seasoning
2 pounds ground beef
2 eggs, beaten
1 cup quick-cooking oats
½ cup chopped onion
½ cup grated Parmesan cheese

1. In a small bowl, mix tomato sauce and meatloaf seasoning; set aside.
2. In a large bowl, combine ground beef, eggs, oats, onion and cheese with ⅔ cup tomato sauce mixture; mix well.
3. Place beef into a large loaf pan and bake uncovered at 400° F for 45 minutes.
4. Remove from oven and drain grease into an empty can. NEVER PUT GREASE DOWN THE SINK.
5. Top meat loaf with the remaining tomato sauce mixture. Cover with foil and bake an additional 5 minutes.
6. Let stand 10 minutes before serving.

tip
Serve with **macaroni & cheese (page 210)**.

Substitute quick-cooking oats with bread crumbs or crackers.

beef

pastel de carne

rinde 6 porciones

1 lata (de 14 onzas) de salsa de tomate, para dividir después
1 paquete de sazón para "meatloaf"
2 libras de carne de res, molida
2 huevos batidos
1 taza de avena "quick-cooking oats"
½ taza de cebolla picada
½ taza de queso parmesano rallado

1. En un tazón pequeño, mezclar la salsa de tomate y el sobre de sazón; separar a un lado.
2. En un tazón grande, combinar carne, huevos, avena seca, cebolla y queso con ⅔ de taza de la mezcla de salsa de tomate; revolver bien.
3. Colocar la carne molida dentro de un molde de pan grande y hornear sin tapar a 400° F durante 45 minutos.
4. Sacar del horno y cernir la grasa dentro de una lata vacía para desechar en a la basura. NUNCA DESECHAR EL ACEITE DENTRO DEL LAVABO.
5. Verter el resto de la mezcla de salsa de tomate encima de la carne. Cubrir con papel aluminio y hornear durante 5 minutos adicionales.
6. Dejar enfriar durante 10 minutos antes de servir.

sugerencia
Servir con **macarrones con queso (pagina 211)**.

Sustituir avena "quick-cooking oats" con migas de pan seco o galletas de sal.

carne de res

stroganoff

1 pound ground beef
¼ cup chopped onion
½ teaspoon garlic salt
¼ teaspoon pepper
2 tablespoons flour
2 tablespoons water
1 (10 ounce) can cream of mushroom soup
1 cup plain yogurt or sour cream
1 (8 ounce) package egg noodles, cooked until tender

1. Coat a large skillet with cooking spray and cook beef with onion over medium heat.
2. Stir in salt, pepper, flour, water and soup; simmer for 10 minutes, stirring occasionally.
3. Add yogurt and mix thoroughly.
4. Mix in cooked noodles and serve.

tip
Serve with **green beans (page 124)**.

beef

stroganoff

rinde 6 porciones

1 libra de carne molida
¼ de taza de cebollas picada
½ cucharadita de sal de ajo
¼ de cucharadita de pimienta
2 cucharadas de harina
2 cucharadas de agua
1 lata (de 10 onzas) de sopa de champiñones
1 taza de yogur natural o crema agria
1 paquete (de 8 onzas) de fideo de huevo, cocidos hasta que estén blandos

1. Rociar una sartén grande con aceite rociador y cocer la carne con la cebolla a fuego mediano.
2. Añadir la sal, la pimienta, la harina, el agua y la sopa; cocer a fuego lento durante 10 minutos, revolviendo ocasionalmente.
3. Añadir el yogur y mezclar bien.
4. Añadir los fideos cocidos a la hora de servir.

sugerencia
Servir con **ejotes (pagina 125)**.

carne de res

measurements | medidas

1	cup	=	1	taza	=	235 ml
½	cup	=	½	taza	=	120 ml
⅓	cup	=	⅓	taza	=	75 ml
¼	cup	=	¼	taza	=	60 ml
⅛	cup	=	⅛	taza	=	30 ml
1	tablespoon	=	1	cucharada	=	15 ml
½	tablespoon	=	½	cucharada	=	7.5 ml
1	teaspoon	=	1	cucharadita	=	5 ml
½	teaspoon	=	½	cucharadita	=	2.5 ml
⅓	teaspoon	=	⅓	cucharadita	=	1.75 ml
¼	teaspoon	=	¼	cucharadita	=	1.25 ml

chicken & turkey | pollo y pavo

clean and prepare chicken

dish/pot
kitchen scissors or sharp knife
chicken
trash can
paper towels
hand soap
dish soap
cleaning solution/disinfectant wipes

1. Always keep uncooked chicken refrigerated until ready to clean.
2. Do not handle chicken in places where juices can spread or have contact with any other food.
3. Before cleaning chicken, place the dish/pot you will use to cook the chicken near the sink.
4. Before cleaning the chicken, place a trash can beside you near the kitchen sink.
5. Make sure the sink is empty so that you don't get bacteria near anything else.
6. Unwrap chicken and **immediately** throw away all packaging into the trash can to prevent the spread of bacteria, which can cause contamination and result in food poisoning.
7. Rinse chicken under cold running water before cooking. Trim off excess fat and skin of the chicken with kitchen scissors or a sharp knife. Discard the fat into the trash can.
8. Pat chicken dry with a paper towel and place it into a dish until ready to prepare.
9. Always wash your hands, kitchen scissors, dishes, counter tops, sink and any other surface with very warm water and a cleaning solution guaranteed to kill bacteria.

chicken turkey

un recipiente/una olla
tijeras de cocina o cuchillo afilado
pollo
basurero
toallas de papel
jabón de manos
jabón de trastos
liquido de limpiar/toallas desinfectantes

1. Siempre mantener el pollo crudo dentro del refrigerador hasta la hora de limpiar.
2. No manejar el pollo crudo en lugares en los que pueden escurrir los jugos del pollo o tener contacto con otras comidas.
3. Antes de limpiar el pollo, colocar el recipiente/la olla que usaras para cocer el pollo al lado del lavabo.
4. Antes de limpiar el pollo, colocar un basurero al lado del lavabo.
5. Asegurar que no hay nada dentro del lavabo o a sus alrededores.
6. Quitar las envolturas del pollo, escurrir los liquidos y tirarlos **de inmediato** a la basura para evitar la contaminación de bacteria y que puede resultar en el envenenamiento por alimentos.
7. Enjuagar el pollo en agua fría antes de cocer. Con tijeras de cocina o un cuchillo afilado, cortar cualquier deposito de grasa y quitar la piel del pollo. Desechar la grasa y la piel en el basurero.
8. Secar el pollo con una toalla de papel y colocar el pollo dentro de un recipiente/una olla hasta la hora de preparar.
9. Siempre deben lavarse las manos, las tijeras el cuchillo, el lavabo. el mesón alrededor del lavabo y cualquier otros lugares u objetos que podría haberse contaminado con los jugos del pollo con agua muy caliente para las manos y un liquido de limpiar que sea garantizado para eliminar la bacteria.

pavo
pollo

baked chicken drumsticks

1 package (12) chicken drumsticks
1 (1 ounce) package Grill Mates® Baja Citrus Marinade
¼ cup canola oil
1 tablespoon vinegar

1. Place a wire cooling rack on a foil lined cookie sheet and coat the rack with cooking spray.
2. Clean and prepare chicken, page 158, and pat dry.
3. In small bowl, mix seasoning with canola oil and vinegar.
4. Combine drumsticks and seasoning in a large Ziploc® bag and marinate in refrigerator for 15 minutes or longer.
5. After coating every piece of chicken, remove from bag and place on wire rack. Discard bag and remaining sauce.
6. Bake at 350° F for 45 minutes until the inside of chicken is no longer pink. Drumsticks are dark meat so they will look brown when fully cooked.

tip
Serve with salad and rice or a steamed vegetable and pasta.

leftovers
sack lunch
dinner on the run

chicken
turkey

piernas de pollo al horno

rinde 4 porciones

1 paquete (12) de piernas de pollo
1 paquete (de 1 onza) de sazón Grill Mates® Baja Citrus Marinade
¼ de taza de aceite canola
1 cucharada vinagre

1. Colocar una parrilla dentro de una bandeja de hornear galletas cubierto con papel aluminio y rociar la parrilla con aceite rociador.
2. Lavar,limpiar y preparar el pollo, pagina 159 y secar el pollo.
3. En un tazón pequeño, mezclar la sazón con aceite canola y vinagre.
4. En una bolsa Ziploc®, combinar el pollo y la sazón hasta cubrirlo por entero y refrigerar por lo menos 15 minutos.
5. Sacar el pollo y colocar sobre la parrilla. Tirar a la basura lo que sobra.
6. Hornear a 350° F durante 45 minutos hasta que esté bien cocido y luzca dorado, no rosado.

sugerencia
Servir con ensalada y arroz o vegetales cocidos al vapor y pasta.

con las sobras
para lunch
cena a la carrera

pollo
pavo

bbq chicken

4 chicken breasts with bone

2 tablespoons minced garlic

½ cup diced onion

2 tablespoons canola oil

1 (18 ounce) jar barbecue sauce

2 tablespoons ketchup

½ cup brown sugar

1 tablespoon soy sauce

¼ cup honey

2 teaspoons LAWRY'S® Seasoned Salt

½ teaspoon thyme

1. Place a wire cooling rack on a foil lined cookie sheet and coat the rack with cooking spray.
2. Rinse, pat dry and place chicken in a large Ziploc® bag; set aside.
3. In a medium sauce pan, sauté garlic and onion in oil for 3 minutes over medium heat.
4. Add remaining ingredients and simmer over low heat for 10 minutes.
5. Pour 1 cup of sauce over uncooked chicken and marinate in a Ziploc® bag for 20 minutes in refrigerator.
6. Arrange chicken on top of cooling rack and discard the bag.
7. Bake at 375° F for 25 minutes.
8. Pour an additional 1 cup of sauce on chicken and bake for 15 minutes.
9. Remove from oven and serve with remaining sauce.

tip
Serve with fresh fruit and **corn casserole (page 120)**.

chicken
turkey

pollo con salsa barbacoa

rinde 4 porciones

4 pechugas de pollo con hueso

2 cucharadas de ajo picado finamente

½ taza de cebolla picada

2 cucharadas de aceite de canola

1 tarro (de 18 onzas) de salsa de barbacoa

2 cucharadas de catsup

½ taza de azúcar moreno

1 cucharada de salsa de soya

¼ de taza de miel de abeja

2 cucharaditas de LAWRY'S® Seasoned Salt

½ cucharadita de tomillo

1. Colocar una parrilla dentro de una bandeja de hornear galletas cubierto con papel aluminio y rociar la parrilla con aceite.
2. Enjuagar, secar y colocar el pollo en una bolsa Ziploc®; separar a un lado.
3. En una sartén mediana, sofreír el ajo y la cebolla con el aceite durante 3 minutos sobre fuego mediano.
4. Añadir los demás ingredientes y cocer a fuego lento durante 10 minutos.
5. Verter 1 taza de la salsa sobre el pollo crudo dentro de una bolsa Ziploc® y dejar marinar refrigerada durante 20 minutos.
6. Colocar el pollo sobre la parrilla y desechar la bolsa a la basura.
7. Hornear a 375° F durante 25 minutos.
8. Verter 1 taza adicional de la salsa sobre el pollo y hornear durante 15 minutos.
9. Sacar del horno y servir con el resto de la salsa como condimento.

sugerencia

Servir con fruta fresca y **cacerola de elote [pagina 121]**.

pollo
pavo

boiled chicken breasts

8 boneless, skinless chicken breasts
1 teaspoon salt
1 teaspoon pepper

fast method
1. Follow instructions- clean and prepare chicken, page 158.
2. In a large pot, boil chicken and all ingredients for 20-25 minutes, until chicken is white in center.
3. Shred chicken and serve hot or refrigerate for later use.

slow method
1. Follow instructions- clean and prepare chicken, page 158.
2. In a large pot, bring chicken and all other ingredients to a boil.
3. Cover and take off burner.
4. Leave chicken in pot until the water is completely cool (approximately 4 hours).
5. Shred chicken and serve hot or refrigerate for later use.

tip
For added flavor, add 1 stalk celery, 1 large carrot and 1 slice onion to the boiling water.

www.porfavornanny.com

pechugas de pollo cocidas

8 pechugas de pollo, deshuesadas y sin piel
1 cucharadita de sal
1 cucharadita de pimienta

<u>método rápido</u>
1. Seguir las instrucciones- limpiar y preparar el pollo, pagina 159.
2. En una olla grande, cocer el pollo con la sal y la pimienta en agua hirviendo durante 20-25 minutos.
3. Desmenuzar el pollo y servir caliente o guardar en el refrigerador para comer después.

<u>método lento</u>
1. Seguir las instrucciones- limpiar y preparar el pollo, pagina 159.
2. En una olla grande, cocer el pollo con la sal y la pimienta en agua hirviendo.
3. Tapar y quitar la olla del fuego.
4. Dejar reposar dentro de la olla hasta que el pollo se enfríe completamente (aproximadamente 4 horas).
5. Desmenuzar el pollo y servir caliente o guardar en el refrigerador para comer después.

sugerencia
Para un pollo más sabroso, añadir 1 tallo de apio, 1 zanahoria grande y una rebanada de cebolla al agua hirviente.

pollo
pavo

chicken enchiladas

3 boneless, skinless chicken breasts

1 onion, chopped

1 tablespoon butter

1 teaspoon salt

½ teaspoon pepper

1 teaspoon ground cumin

1 teaspoon chili powder

1 teaspoon garlic powder

1 (4 ounce) can diced green chiles

1 (10 ounce) can cream of chicken soup

1 (10 ounce) can green chili enchilada sauce

1 cup sour cream

12 corn tortillas

2 cups shredded cheddar cheese

1. In a large pot, boil chicken for 22 minutes.
2. Shred chicken and set aside; save broth.
3. In a large skillet, sauté onion with butter over medium heat for 2 minutes.
4. Stir in chicken, salt, pepper, cumin, chili powder, garlic powder and green chilies; simmer for 5 minutes.
5. Using tongs, dip tortillas in hot chicken broth to soften.
6. Place ¼ cup of chicken mixture into center of each tortilla and roll.
7. Line a greased 13x9-inch casserole dish with enchiladas.
8. In a medium sauce pan, warm chicken soup and enchilada sauce until bubbly.
9. Remove from heat and add sour cream to enchilada sauce; stir until well blended.
10. Pour sauce over enchiladas, top with cheese, cover with foil and bake at 375° F for 30 minutes.

tip
Serve with green salad and beans.

chicken turkey

enchiladas de pollo

rinde 6 porciones

3 pechugas de pollo deshuesadas y sin piel

1 cebolla picada

1 cucharada de mantequilla

1 cucharadita de sal

½ de pimienta

1 cucharadita de comino en polvo

1 cucharadita de chile en polvo

1 cucharadita de ajo en polvo

1 lata (de 4 onzas) de chiles verdes

1 lata (de 10 onzas) de crema de pollo

1 lata (de 10 onzas) de salsa de chile verde

1 taza de crema agria

12 tortillas de maíz

2 tazas de queso cheddar, rallado

1. En una olla grande, hervir el pollo durante 22 minutos.
2. Desmenuzar el pollo y separar a un lado; guardar el caldo.
3. En una sartén grande, sofreír cebolla con mantequilla sobre fuego mediano durante 2 minutos.
4. Añadir y mezclar el pollo, la sal, la pimienta, el comino, el chile en polvo, el ajo en polvo y los chiles verdes; sofreír durante 5 minutos.
5. Usando tenazas, remojar las tortillas en el caldo de pollo caliente para que se suavicen.
6. Poner ¼ de taza de la mezcla de pollo en el centro de cada tortilla y enrollar.
7. En un molde engrasado de 13x9-pulgadas, colocar las enchiladas.
8. En una sartén mediana, calentar el caldo de pollo y la salsa de enchiladas hasta que burbujee.
9. Quitar del fuego y añadir la crema agria a la salsa de enchilas; mezclar bien.
10. Verter salsa sobre las enchiladas, espolvorear con el queso, cubrir con papel aluminio y hornear a 375° F durante 30 minutos.

sugerencia
Servir con ensalada y frijoles.

pollo · pavo

chicken pot pie

2 (9-inch) refrigerated ready-to-roll pie shell
3 cups chicken breasts, page 164, cooked and cubed
1 can (10 ounce) cream of mushroom soup
1 cup plain yogurt
1 teaspoon garlic powder
1 teaspoon salt
½ teaspoon pepper
1 bag (12 ounce) frozen mixed vegetables (peas, corn and carrots)
1 tablespoon flour

1. Unroll and press down one pie dough into a 9-inch pie pan.
2. Line it with foil and press down on top of the dough; bake at 450° F for 8 minutes.
3. Remove foil and bake 5 more minutes; remove from oven and let cool.
4. In a large saucepan, combine the remaining ingredients and simmer over medium heat for 5 minutes.
5. Remove from heat and pour chicken mixture into baked pie crust.
6. Cover with the second, uncooked pie dough and seal around edges.
7. Using a knife, cut 3 one-inch slits through top crust.
8. Place pie on a foil lined cookie sheet and bake at 375° F for 40 minutes.

tip
Serve with sliced apples.

time saver:
Buy precooked chicken in the refrigerated section of the grocery store.

chicken turkey

pay de pollo

rinde 6 porciones

2 cilindros de masas de pay listos para hornear (de 9-pulgadas), refrigerados
3 tazas de pechugas de pollo, pagina 165, cocido y picado en cubitos
1 lata (de 10 onzas) de sopa de crema de champiñones
1 taza de yogur natural
1 cucharadita de ajo en polvo
1 cucharadita de sal
½ cucharadita de pimienta
1 bolsa congelada (de 12 onzas) de vegetales mixtos (chícharos, elotes y zanahorias)
1 cucharada de harina

1. Desenrollar y aplastar una de la masas de pay dentro de un molde de pay de 9-pulgadas.
2. Presionar papel aluminio sobre la masa de pay y hornear a 450° F durante 8 minutos.
3. Quitar el papel aluminio y hornear durante 5 minutos más; sacar del horno y dejar enfriar.
4. En una cacerola grande, combinar los demás ingredientes y hervir a fuego mediano durante 5 minutos.
5. Quitar del fuego y verter la mezcla de pollo sobre la corteza.
6. Cubrir el pay con la segunda masa de pay y aplastar los bordes de la masa para sellarlos.
7. Con un cuchillo, hacer 3 cortes de una-pulgada de largo, a través de la corteza superior.
8. Poner el pay sobre una bandeja de hornear galletas forrada con papel aluminio y hornear a 375° F durante 40 minutos.

sugerencia
Servir con rodajas de manzana.

para ahorrar tiempo:
Para ahorrar tiempo se puede usar pollo ya cocido que se encuentra en la parte refrigerada de la tienda.

pollo
pavo

chicken quesadilla

1 tablespoon butter
2 flour tortillas
½ chicken breast, page 164, cooked and shredded
¼ cup shredded cheese

1. In a large skillet, melt butter.
2. Place chicken and cheese between the tortillas.
3. Heat for 1 minute on each side.

tip

Serve with black beans and salad.

For a healthier choice, use a panini grill without butter.

chicken
turkey

www.porfavornanny.com

quesadilla de pollo

rinde 1 quesadilla

1 cucharada de mantequilla
2 tortillas de harina
½ pechuga de pollo, pagina 165, cocida y desmenuzada
¼ de taza de queso rallado

1. En una sartén grande, derretir la mantequilla.
2. Colocar el pollo y el queso entre las tortillas.
3. Calentar durante un minuto a cada lado.

sugerencia

Servir con frijoles negros y ensalada.

Para un plato más sano, usar un plancha panini sin mantequilla.

pollo
pavo

chicken spaghetti

1 red bell pepper, rinsed and finely chopped
1 onion, chopped
½ stick butter, divided
1 can (28 ounce) diced tomatoes, do not drain
4 boneless, skinless chicken breasts, page 164, cooked and shredded
½ teaspoon salt
½ teaspoon pepper
½ cup milk
1 can (4 ounce) mushrooms, rinsed and drained
2 cups shredded cheddar cheese
1 package (10 ounce) spaghetti, cooked

1. In a large pot, sauté bell pepper and onion in 2 tablespoons of the butter for 3 minutes.
2. Add tomatoes and remaining butter; simmer for 10 minutes over medium heat.
3. Add cooked chicken, salt, pepper, milk and mushrooms; simmer for 1 minute.
4. Remove from heat, stir in cheese and cooked spaghetti.
5. Cover and let stand 5 minutes before serving.

tip
Serve with **caesar salad (page 88)** and garlic bread.

espagueti con pollo

rinde 10 porciones

1 pimiento rojo, enjuagado y picado finamente
1 cebolla picada
½ barra de mantequilla, para dividir después
1 lata (de 28 onzas) de tomates picados, sin escurrir
4 pechugas de pollo, pagina 165, deshuesadas y sin piel, cocidas y desmenuzadas
½ cucharadita de sal
½ cucharadita de pimienta
½ taza de leche
1 lata (de 4 onzas) de champiñones, enjuagados y escurridos
2 tazas de queso cheddar, rallado
1 paquete (de 10 onzas) de fideo espagueti, cocido

1. En una olla grande, sofreír el pimiento verde y la cebolla en 2 cucharadas de la mantequilla durante 3 minutos.
2. Añadir los tomates y el resto de la mantequilla; cocer durante 10 minutos a fuego mediano.
3. Añadir el pollo cocido, la sal, la pimienta, la leche y los champiñones; cocer durante 1 minuto más.
4. Retirar del fuego, añadir y mezclar el queso rallado y el fideo espagueti cocido.
5. Tapar y dejar enfriar durante 5 minutos antes de servir.

sugerencia
Servir con **ensalada cesar (pagina 89)** y pan de ajo.

pollo
pavo

chicken & spinach enchiladas

3 boneless, skinless chicken breasts

1 bay leaf (optional)

1 (15 ounce) can black beans, rinsed and drained

2 tablespoons fresh lime juice

½ cup chopped onions, sautéed

1 teaspoon chili pepper

½ teaspoon garlic salt

¼ teaspoon pepper

1 can (4 ounce) chopped green chilies

1 package (10 ounce) frozen chopped spinach, cooked and drained

1 pint sour cream

16 corn tortillas

2 cups shredded Monterrey Jack cheese

picante sauce (optional)

1. Follow instructions to clean and prepare chicken, page 158.
2. In a large pot, boil chicken with bay leaf for 22 minutes; discard bay leaf.
3. Shred chicken into a large bowl; set aside chicken broth.
4. Add beans, lime juice, onion, chili pepper, garlic salt and pepper to chicken; mix well and set aside.
5. In separate bowl, mix green chilies, spinach and sour cream.
6. Add sour cream mixture to chicken/black bean mixture.
7. Bring chicken broth to a boil.
8. Using tongs, dip tortillas in hot chicken broth to soften.
9. Place ¼ cup of mixture into center of each tortilla and roll.
10. Line two greased 8x11.5-inch casserole dishes with enchiladas.
11. Cover enchiladas with remaining mixture and cheese.
12. Cover with foil and bake at 350° F for 20 minutes.
13. Remove foil and bake an additional 5 minutes until cheese is melted.
14. Top with picante sauce if desired.

tip

Serve with rice and salad.

This recipe makes two casserole dishes and can be frozen before baking.

chicken turkey

enchiladas de pollo y espinaca

rinde 8 porciones

3 pechugas de pollo deshuesadas y sin piel

1 hoja de laurel (opcional)

1 lata (de 15 onzas) de frijoles negros, enjuagados y escurridos

2 cucharadas jugo de limón verde

½ taza de cebolla picada y sofrito

1 cucharadita de pimienta chile

½ cucharadita de sal de ajo

¼ de cucharadita de pimienta

1 lata (de 4 onzas) de chiles verdes picados

1 paquete congelado (de 10 onzas) de espinaca picada, cocida y escurrida

1 pinta de crema agria

16 tortillas de maíz

2 tazas de queso "Monterrey Jack" rallado

salsa picante, (opcional)

1. Seguir las instrucciones para limpiar y preparar el pollo, pagina 159.
2. En una olla grande, hervir el pollo con una hoja de laurel durante 22 minutos; desechar la hoja de laurel.
3. Desmenuzar el pollo dentro de un tazón grande; guardar el caldo a un lado.
4. Añadir los frijoles, el limón, la cebolla, la pimienta chile, el ajo, la sal, y la pimienta negra al pollo; mezclar bien y separar a un lado.
5. En otro tazón, mezclar los chiles verdes, la crema agria y la espinaca.
6. Añadir la mezcla de crema agria a la mezcla de frijoles y pollo.
7. Hervir el caldo de pollo.
8. Usando tenazas, remojar las tortillas en el caldo de pollo caliente para que se suavicen.
9. Poner ¼ de taza de la mezcla de pollo en el centro de cada tortilla y enrollar.
10. Colocar las enchiladas dentro de dos moldes engrasados de 8x11.5-pulgadas.
11. Verter la mezcla sobrante sobre las enchiladas y espolvorear con el queso rallado.
12. Cubrir con papel aluminio y hornear a 350° F durante 20 minutos.
13. Quitar el papel aluminio y hornear 5 minutos más hasta que el queso se derrita.
14. Si desea, poner salsa picante encima.

sugerencia

Servir con arroz y ensalada.

Esta receta hace dos moldes que se puede congelar antes de hornear.

pavo pollo

crispy oven-baked chicken

serves 4

1 cup flour
2 eggs, beaten
1 tablespoon water
1 cup Panko bread crumbs
½ cup grated Parmesan cheese
1 teaspoon garlic powder
½ teaspoon cayenne pepper (optional)
   salt and pepper to taste
4 boneless, skinless chicken breasts

1. Line a cookie sheet with foil and spray with cooking spray; set aside.
2. Place flour in a shallow dish.
3. Place eggs and water in a separate shallow dish.
4. Combine the bread crumbs, cheese, garlic powder, cayenne pepper, salt and pepper in a third shallow dish and mix well.
5. Follow instructions on how to clean and prepare chicken, page 158.
6. Dip chicken in flour to coat both sides, then dip in egg mixture, finally dredge chicken in bread crumb mixture.
7. Arrange chicken on cookie sheet and bake at 425° F for 20 minutes.
8. Flip the chicken and bake an additional 5 minutes until the inside of chicken is no longer pink.

tip
Serve with your child's favorite sauce: honey mustard, ketchup, ranch dressing, BBQ sauce, marinara sauce, etc.

Serve with **broccoli & rice casserole (page 118)** and **twice baked potatoes (page 134)**.

www.porfavornanny.com

pollo horneado crocante

rinde 4 porciones

1 taza de harina
2 huevos batidos
1 cucharadita de agua
1 taza de migas de pan Panko
½ taza de queso parmesano rallado
1 cucharadita de ajo en polvo
½ cucharadita de pimienta cayena (opcional)
   sal y pimienta al gusto
4 pechugas de pollo, deshuesadas y sin piel

1. Forrar una bandeja de hornear galletas con papel aluminio y rociar con aceite rociador; separar a un lado.
2. Poner la harina en un recipiente poco profundo.
3. Poner los huevos y el agua en otro recipiente poco profundo.
4. Combinar las migas de pan, el queso, el ajo, la pimienta cayena, la sal y la pimienta en un tercer recipiente poco profundo y mezclar bien.
5. Seguir las instrucciones para limpiar y preparar el pollo, pagina 159.
6. Sumergir el pollo dentro de la harina para cubrir los dos lados después dentro de la mezcla de huevos y finalmente cubrirlo con las migas Panko.
7. Colocar el pollo sobre la bandeja y hornear a 425° F durante 20 minutos.
8. Dar la vuelta al pollo y hornear 5 minutos más hasta que el pollo no luzca rosado por adentro.

sugerencia

Servir con la salsa favorita de sus hijos: miel, mostaza, ketchup, aderezo sabor ranch, salsa de barbacoa, salsa marinara, etc.

Servir con **cacerola de arroz con brócoli (pagina 119)** y **papas dos veces horneadas (pagina 135)**.

pollo
pavo

king ranch casserole

serves 8

 3 boneless, skinless chicken breasts
 1 bay leaf (optional)
12 corn tortillas, cut in pieces
 1 small onion, chopped
 1 cup chicken broth
 1 can (10 ounce) cream of mushroom soup
 1 can (10 ounce) cream of chicken soup
 1 can (14 ounce) Ro-Tel® tomatoes
 2 cups shredded cheddar cheese

1. Follow instructions on how to clean and prepare chicken, page 158.
2. In a large pot, boil chicken with bay leaf for 22 minutes. Discard bay leaf and save one cup of the chicken broth.
3. Remove chicken from pot and cut into pieces.
4. In a large bowl, mix chicken, tortillas, onion, chicken broth, soups and Ro-Tel® tomatoes.
5. In a 13x9-inch dish, make two layers of chicken mixture and cheese.
6. Bake at 350° F for 50-55 minutes.

tip
Serve with asparagus and hot rolls.

chicken turkey

cacerola "king ranch"

rinde 8 porciones

 3 pechugas de pollo deshuesadas y sin piel
 1 hoja de laurel (opcional)
12 tortillas de maíz, cortadas y en pedazos
 1 cebolla pequeña, picada
 1 taza de caldo de pollo
 1 lata (de 10 onzas) de sopa de crema de champiñones
 1 lata (de 10 onzas) de sopa de crema de pollo
 1 lata (de 14 onzas) de tomates Ro-Tel®
 2 tazas de queso cheddar, rallado

1. Seguir las instrucciones para limpiar y preparar el pollo, pagina 159.
2. En una olla grande, hervir el pollo con la hoja de laurel durante 22 minutos. Retirar la hoja y guardar una taza del caldo.
3. Quitar el pollo y cortarlo en pedazos.
4. En un tazón grande, mezclar el pollo, las tortillas, la cebolla, el caldo, las latas de sopa y la lata de tomates Ro-Tel®.
5. En un molde de 13x9-pulgadas, hacer dos capas de la mezcla de pollo y el queso.
6. Hornear a 350° F durante 50-55 minutos.

sugerencia
Servir con espárragos y rollos de pan.

pollo
pavo

oven-baked chicken breasts

4 boneless, skinless chicken breasts
   Italian salad dressing

1. Place a wire cooling rack on a foil lined cookie sheet and coat the rack with cooking spray.
2. Wash and dry chicken; place on wire rack.
3. Pour Italian dressing over chicken and bake at 350° F for 25 minutes.
4. Remove from oven and check to see if it is cooked by slicing into center of breast and looking for any pink meat. If meat is not completely cooked, return to oven for 5 more minutes.

tip
Serve with rice and steamed broccoli.

leftovers
Refrigerate baked chicken to use in other chicken recipes, for example:
cold chicken salad (page 94))
tortilla soup (page 78)
chicken quesadilla (page 170)
king ranch casserole (page 178)

chicken turkey

pechugas de pollo al horno

rinde 4 porciones

4 pechugas de pollo deshuesadas y sin piel
aderezo sabor italiano

1. Colocar una parrilla dentro de una bandeja de hornear galletas cubierto con papel aluminio y rociar la parrilla con aceite rociador.
2. Lavar y secar el pollo. Colocar sobre la parrilla.
3. Verter el aderezo sobre el pollo y hornear a 350° F durante 25 minutos.
4. Sacar del horno y cortar en el centro de cada pechuga para verificar que esté bien cocido. Si luce rosado en cualquier parte, regresar al horno durante 5 minutos más.

sugerencia
Servir con arroz y brócoli al vapor.

con las sobras
Refrigerar el pollo para usar en otras recetas, por ejemplo:
ensalada de pollo frío (pagina 95)
sopa de tortilla (pagina 79)
quesadilla de pollo (pagina 171)
cacerola "king ranch" (pagina 179)

pavo pollo

stir fry chicken & vegetables

4 boneless, skinless chicken breasts
4 tablespoons canola oil, divided
½ cup chopped onions
1 (16 ounce) package stir fry vegetables, frozen
½ cup rinsed and sliced mushrooms
½ teaspoon lemon pepper
½ teaspoon garlic salt
1 tablespoon soy sauce

1. Follow instructions on how to clean and prepare chicken, page 158.
2. Cut chicken breasts into ½ inch strips.
3. In a large nonstick skillet, heat 3 tablespoon of canola oil over high heat, add chicken strips and cook for 1 minute.
4. Reduce heat to medium, turn chicken over and cook for an additional 2-3 minutes until fully cooked.
5. Wrap chicken strips in foil; set aside.
6. In same skillet, add 1 tablespoon of canola oil, onions and package of stir fry vegetables; sauté for 4-5 minutes.
7. Push vegetables to side of pan.
8. Add mushrooms and sauté for 2-3 minutes; continue stirring all vegetables.
9. Add lemon pepper, garlic salt and soy sauce; stir well.
10. Add chicken and let heat for 2 minutes.

tip
Serve over cooked rice.

Substitute beef or pork in place of chicken.

chicken
turkey

vegetales fritos con pollo

rinde 4 porciones

4 pechugas de pollo deshuesadas y sin piel
4 cucharadas de aceite canola, dividir
½ taza de cebolla picada
1 paquete congelado (de 16 onzas) de vegetales para freír "stir fry"
½ taza de champiñones enjuagados y rebanados
½ cucharadita sazón limón-pimienta
½ cucharadita de sal de ajo
1 cucharada de salsa de soya

1. Seguir las instrucciones para limpiar y preparar el pollo, pagina 159.
2. Cortar las pechugas de pollo en tiras de ½ pulgada.
3. En una sartén grande, calentar 3 cucharada de aceite canola a fuego alto, añadir el pollo y cocer durante 1 minuto.
4. Reducir a fuego mediano, dar la vuelta al pollo y cocer durante 2-3 minutos adicionales hasta que esté bien cocido.
5. Sacar el pollo y envolver en papel aluminio; separar a un lado.
6. Añadir al sartén 1 cucharada de aceite canola, la cebolla, y el paquete de vegetales congelados; sofreír durante 4-5 minutos.
7. Empujar los vegetales a un lado de la sartén.
8. Añadir los champiñones y sofreír durante 2-3 minutos; continuar mezclando todos los vegetales.
9. Añadir la sazón limón-pimienta, la sal de ajo, y la salsa de soya; mezclar bien.
10. Añadir el pollo y dejar calentar durante 2 minutos.

sugerencia
Servir con arroz.

Puede sustituir carne de res o cerdo en lugar del pollo.

thai lettuce wraps

serves 8

thai lettuce wraps ingredients

1 pound ground turkey

2 teaspoons vegetable oil

1 tablespoon minced garlic

1 teaspoon ground ginger

¾ cup chopped green onions

1 can (8 ounce) sliced bamboo shoots

⅓ cup finely chopped cashews

2 tablespoons soy sauce

1 teaspoon sugar

1 head iceberg lettuce, washed, dried and separated into whole leaves

spicy peanut sauce ingredients

3 tablespoons creamy peanut butter

3 tablespoons vegetable oil

4 tablespoons soy sauce

3 tablespoons sugar

3 teaspoons white vinegar

1 teaspoon dark sesame oil

¼ teaspoon ground cayenne pepper (optional)

1. In a small bowl, combine all spicy peanut sauce ingredients and whisk until well blended.
2. In a large skillet cook turkey with vegetable oil, garlic and ginger over medium heat.
3. Add onions, bamboo shoots, cashews, soy sauce, sugar and ⅓ spicy peanut sauce; stir well
4. Wrap turkey mixture in whole lettuce leaves and serve remaining sauce on side.

tip
Serve with steamed edamame and sliced pears.

chicken turkey

enrollados de lechuga thai

ingredientes para enrollados de lechuga thai

1 libra de pavo molido

2 cucharaditas de aceite vegetal

1 cucharada de ajo picado finamente

1 cucharadita de jengibre en polvo

¾ de taza de cebolla verde picada finamente

1 lata (de 8 onzas) de retoños de bambú

⅓ taza de nueces de india picados finamente

2 cucharadas de salsa de soya

1 cucharadita de azúcar

1 cabeza de lechuga "iceberg," lavada, seca y separada en hojas enteras.

ingredientes para la salsa de cacahuate picante

3 cucharadas de crema de cacahuate

3 cucharadas de aceite vegetal

4 cucharadas de salsa de soya

3 cucharadas de azúcar

3 cucharaditas de vinagre blanca

1 cucharadita de aceite de sésamo oscuro

¼ de cucharadita pimiento cayena molido (opcional)

1. En un tazón pequeño, combinar todos los ingredientes de la salsa de cacahuate y revolver hasta que esté bien mezclado.
2. En una sartén grande, cocer el pavo con el aceite, el ajo y el jengibre sobre fuego mediano.
3. Añadir la cebolla, los retoños de bambú, los anacardos, la salsa de soya, el azúcar y mitad del la salsa de cacahuate; mezclar bien.
4. Envolver la mezcla del pavo dentro de las hojas de lechuga y servir la salsa sobrante a un lado.

sugerencia

Servir con chícharos edamame al vapor y rebanadas de peras.

pollo pavo

turkey empanadas

   1 pound ground turkey breast
½ cup chopped white onion
   3 ounces cream cheese
   2 tablespoons butter, melted
¼ teaspoon salt
¼ teaspoon pepper
   2 tablespoons milk
½ cup shredded cheddar cheese
   2 cans (8 ounce) refrigerated crescent rolls

1. Coat a large skillet with cooking spray and cook turkey with onion; set aside.
2. In a large bowl, blend cream cheese and butter.
3. Add salt, pepper, milk, and cheddar cheese to the cream cheese mixture.
4. Combine turkey mixture with cream cheese mixture.
5. Roll out both cans of crescent rolls and form eight rectangles by pressing perforations together.
6. Spoon ¼ cup turkey mixture into center of each rectangle.
7. Pull the corners of dough to the center and seal to form each empanada.
8. Place on a cookie sheet and bake at 350° F for 20-25 minutes.

tip
Serve with tomato soup or carrots and celery sticks.

empanadas de pavo

rinde 8 porciones

1 libra de pechugas de pavo molido
½ taza de cebolla blanca
3 onzas de queso crema
2 cucharadas de mantequilla, derretida
¼ de cucharadita de sal
¼ de cucharadita de pimienta
2 cucharadas de leche
½ taza de queso cheddar, rallado
2 cilindros de masa de pan listos para hornear (de 8 onzas) "cresent rolls," refrigerados

1. Rociar una sartén grande con aceite rociador y sofreír el pavo con la cebolla; separar a un lado.
2. En un tazón grande, mezclar el queso crema con la mantequilla.
3. Añadir la sal y la pimienta, la leche y el queso cheddar a la mezcla del queso crema.
4. Combinar la mezcla de pavo con la mezcla de queso.
5. Separar la masa de cada cilindro y presionar las perforaciones para formar ocho rectángulos.
6. Colocar ¼ de taza de la mezcla de pavo en medio de cada rectángulo.
7. Juntar las esquinas de los rectángulos para encerrar cada empanada.
8. Colocar en una bandeja de hornear galletas y hornear a 350° F durante 20-25 minutos.

sugerencia
Servir con sopa de tomate o palitos de zanahorias y apio.

measurements | medidas

1	cup	=	1	taza	=	235	ml
½	cup	=	½	taza	=	120	ml
⅓	cup	=	⅓	taza	=	75	ml
¼	cup	=	¼	taza	=	60	ml
⅛	cup	=	⅛	taza	=	30	ml
1	tablespoon	=	1	cucharada	=	15	ml
½	tablespoon	=	½	cucharada	=	7.5	ml
1	teaspoon	=	1	cucharadita	=	5	ml
½	teaspoon	=	½	cucharadita	=	2.5	ml
⅓	teaspoon	=	⅓	cucharadita	=	1.75	ml
¼	teaspoon	=	¼	cucharadita	=	1.25	ml

pork & fish | cerdo y pescado

honey maple pork

2 pounds boneless pork tenderloin
⅔ cup maple syrup
3 tablespoons Dijon mustard
2 tablespoons apple cider vinegar
2 tablespoons soy sauce
½ teaspoon salt
½ teaspoon pepper

1. Rinse tenderloin and place in 13x9-inch baking dish.
2. In a small bowl, mix remaining ingredients.
3. Coat tenderloin with syrup mixture and bake at 350° F for 30 minutes.
4. Baste tenderloin by spooning mixture back on top.
5. Bake for an additional 30 minutes.

tip
Serve with **twice baked potatoes (page 134)** and **green beans (page 124)**.

pork
fish

cerdo con almíbar

rinde 8 porciones

2 libras de lomo de cerdo
⅔ de taza de almíbar sabor "maple"
3 cucharadas de mostaza Dijon
2 cucharadas de vinagre cítrico de manzana
2 cucharadas de salsa de soya
½ cucharadita de sal
½ cucharadita de pimienta

1. Enjuagar el lomo y colocar dentro de un molde de 13x9-pulgadas.
2. En un tazón pequeño, mezclar los demás ingredientes.
3. Regar la mezcla de almíbar sobre el lomo y hornear a 350° F durante 30 minutos.
4. Barnizar la carne con la mezcla del molde.
5. Hornear durante 30 minutos adicionales.

sugerencia
Servir con **papas dos veces horneadas (pagina 135)** y **ejotes (pagina 125)**.

pork chops

4 thick pork chops
½ teaspoon salt
½ teaspoon pepper
2 tablespoons canola oil

1. Prepare pork chops by rinsing, patting dry and seasoning with salt and pepper.
2. In a large skillet, heat oil over high heat and sear pork chops for 1 minute on each side.
3. Continue cooking for 10 minutes on each side until brown and no red juices are running.

tip
Serve with **applesauce (page 114)** and **wild rice casserole (page 136)**.

pork

fish

rinde 4 porciones

4 chuletas de cerdo, gruesas
½ cucharadita de sal
½ cucharadita de pimienta
2 cucharadas de aceite canola

1. Enjuagar, secar y sazonar las chuletas con sal y pimienta.
2. En una sartén grande, calentar el aceite a fuego alto y freír las chuletas durante 1 minuto a cada lado.
3. Freír durante 10 minutos a cada lado hasta que estén bien cocidas.

sugerencia

Servir con **puré de manzana (pagina 115)** y **cacerola de arroz silvestre (pagina 137)**.

cerdo
pescado

fish tacos

1 pound fish, tilapia, red snapper or cod fish (fresh or frozen)
1 bottle LAWRY'S® Herb & Garlic Marinade
12 corn tortillas

optional toppings:
chopped red cabbage
chopped cilantro
cubed mango
sliced avocado
halved cherry tomatoes
corn
Creamy Cilantro dressing

1. Line a 13x9-inch baking dish with foil.
2. Combine fish with LAWRY'S® marinade, cover and refrigerate for 30 minutes.
3. Grill or bake at 350° F for 25 minutes until fish is flaky.
4. Slice fish into small strips making sure to remove any bones.
5. In a warm tortilla, layer 2 strips of fish with desired toppings.

tip
Serve with **wild rice casserole (page 136)**.

pork
fish

rinde 4 porciones

 1 libra de pescado tilapia, pargo rojo o bacalao, fresco o congelado
 1 botella de marinada LAWRY'S® Herb & Garlic Marinade
12 tortillas de maíz

ingredientes opcionales para añadir al pescado:
col roja, cortada
cilantro, picado
mango, picado en cubitos
aguacate, cortado en tajadas
tomates cherry, cortado en mitades
granos de elote
tarro de aderezo sabor crema de cilantro

1. Cubrir un molde de hornear de 13x9-pulgadas con papel aluminio.
2. Mezclar el pescado con la marinada LAWRY'S® y refrigerar durante 30 minutos.
3. Asar o hornear a 350° F durante 25 minutos hasta que el pescado se pueda desmenuzar fácilmente con un tenedor.
4. Cortar el pescado en tiras quitando las espinas.
5. En una tortilla caliente, envolver 2 tiras de pescado con los ingredientes deseados.

sugerencia
Servir con **cacerola de arroz silvestre (pagina 137)**.

salmon

2-3 pounds salmon
   1 jar LAWRY'S® Herb & Garlic Marinade

1.   Line a cookie sheet or top of grill with foil (fold all edges up).
2.   Lay salmon fillet (skin side down) on top of foil and pour enough marinade to cover the fish.
3.   Grill on high heat or bake at 375° F for 20 minutes until salmon is light pink and flaky.
4.   Using a spatula, remove skin from salmon and serve.

tip
Serve with asparagus and wild rice.

Use leftover salmon for salad with poppy seed dressing.

pork

fish

salmón

2-3 libras de salmón
1 tarro de marinada LAWRY'S® Herb & Garlic Marinade

1. Cubrir una bandeja de hornear galletas o cubrir la cima de la parrilla con papel aluminio (doblar los lados para arriba para no regar los ingredientes).
2. Colocar el filete de salmón (la piel abajo) sobre el papel aluminio y verter suficiente marinada para cubrirlo.
3. Asar sobre fuego alto u hornear a 375° F durante 20 minutos hasta que el filete se pueda desmenuzar fácilmente con un tenedor.
4. Usando una espátula, retirar la piel del filete y servir.

sugerencia

Servir con espárragos y arroz silvestre.

Usar el salmón sobrante para ensalada con aderezo de semillas de amapola.

cerdo
pescado

tilapia

4 boneless tilapia fillets
1 (0.87 ounce) package Grill Mates® Garlic Herb & Wine Marinade
¼ cup water
¼ cup vegetable oil
1 tablespoon white wine vinegar

1. Line a 13x9-inch baking dish with foil and add fillets
2. In a small bowl, mix remaining ingredients and pour over fillets.
3. Cover dish and marinate in the refrigerator for 30 minutes.
4. Grill or bake at 350° F for 15-20 minutes.

tip
Do not over-bake or fish will become dry.

Serve with rice and asparagus.

leftovers
Use leftovers for **fish tacos (page 194)**.

pork fish

tilapia

rinde 4 porciones

4 filetes de tilapia
1 paquete de (0.87 onzas) de marinada Grill Mates® Garlic Herb & Wine Marinade
¼ de taza de agua
¼ de taza de aceite vegetal
1 cucharada de vinagre de vino blanco

1. Cubrir un molde de 13x9-pulgadas con papel aluminio y añadir filetes.
2. En un tazón pequeño, mezclar los demás ingredientes y verter sobre los filetes.
3. Tapar y marinar dentro del refrigerador durante 30 minutos.
4. Asar a la parrilla o hornear a 350° F durante 15-20 minutos.

sugerencia
No cocer más de lo necesario para evitar que el pescado se seque.

Servir con arroz y espárragos.

con las sobras
Usar las sobras para **tacos de pescado (pagina 195).**

pescado

measurements | medidas

1	cup	=	1	taza	=	235 ml
½	cup	=	½	taza	=	120 ml
⅓	cup	=	⅓	taza	=	75 ml
¼	cup	=	¼	taza	=	60 ml
⅛	cup	=	⅛	taza	=	30 ml
1	tablespoon	=	1	cucharada	=	15 ml
½	tablespoon	=	½	cucharada	=	7.5 ml
1	teaspoon	=	1	cucharadita	=	5 ml
½	teaspoon	=	½	cucharadita	=	2.5 ml
⅓	teaspoon	=	⅓	cucharadita	=	1.75 ml
¼	teaspoon	=	¼	cucharadita	=	1.25 ml

pasta | pasta

how to cook pasta

1. Fill a large pot with water and bring to a boil.
2. Add a teaspoon of salt to the boiling water.
3. Add pasta and cook until the pasta is tender. Do not overcook pasta.
4. Drain pasta in a colander.

tip

Serve with marinara sauce, butter or grated parmesan cheese on top.

If you are going to use the pasta in a casserole, then shorten the cooking time by 2 minutes.

pasta

1. En una olla grande, hacer hervir el agua.
2. Añadir 1 cucharadita de sal al agua hirviente.
3. Añadir la pasta al agua y cocer hasta que los fideos estén blandos. No sobre cocer los fideos.
4. Escurrir el agua con un cernidor.

sugerencia

Servir con salsa marinara, mantequilla o queso parmesano rallado por encima.

Para utilizar los fideos en otra receta, cortar el tiempo de cocer por 2 minutos antes de estar blandos.

pasta

chicken pasta

1 (16 ounce) bag rotini pasta
3 boneless, skinless chicken breasts, page 164, cooked and shredded
1 cup mayonnaise
1 (8 ounce) can sliced water chestnuts, rinsed
½ cup sliced almonds
2 jars artichoke hearts, rinsed and drained
3 stalks celery, chopped
2 green onions, chopped
   salt and pepper to taste
¼ teaspoon curry (optional)

1. In a large pot, boil pasta until tender.
2. Drain water and rinse pasta with cool water; cover and refrigerate in a large bowl.
3. Add chicken and remaining ingredients to large bowl of pasta; stir well.

tip
Serve with French bread and steamed asparagus.

time saver:
Use a pre-cooked rotisserie chicken from the grocery store.

pasta

pollo con pasta

rinde 8 porciones

1 bolsa (de 16 onzas) de pasta rotini
3 pechugas de pollo, pagina 165, deshuesadas y sin piel
1 taza de mayonesa
1 lata (de 8 onzas) de rebanadas de castañas de agua, enjuagadas
½ taza de almendras, rebanadas
2 tarros de alcachofas, enjuagadas y escurridas
3 tallos de apio, picado
2 cebollas verdes, picadas
   sal y pimienta al gusto
¼ de cucharadita de curry (opcional)

1. En una olla grande, hervir el agua con los fideos hasta que estén blandos.
2. Escurrir el agua y enjuagar el fideo con agua fría; cubrir y refrigerar en un tazón grande.
3. Añadir el pollo y los demás ingredientes a el tazón de fideo; mezclar bien.

sugerencia
Servir con pan francés y espárragos cocidos al vapor.

para ahorrar tiempo:
Usar pollo ya cocido que se encuentra en la parte refrigerada de la tienda.

pasta

lasagna

1 pound ground turkey

¼ cup chopped onion

¼ teaspoon salt

¼ teaspoon pepper

2 (24 ounce) jars pasta sauce, divided

1 package lasagna noodles

2 eggs, beaten

1 (15 ounce) container part skim Ricotta Cheese

4 tablespoons shredded Parmesan cheese

2 teaspoons oregano

3 cups baby spinach leaves, washed and chopped

1 (8 ounce) package shredded mozzarella cheese

1. Coat a large skillet with cooking spray and cook turkey with onion, salt and pepper; add 1 cup of the pasta sauce to cooked turkey and remove from heat.
2. In a large pot, cook eight lasagna noodles until tender; drain and set aside.
3. Pour 1 cup of pasta sauce in the bottom of a 13x9-inch casserole dish and lay 4 lasagna noodles on top of sauce; set aside.
4. In large bowl, mix egg, Ricotta cheese, Parmesan cheese, oregano, chopped spinach leaves and half of the mozzarella cheese package.
5. Layer ½ of turkey mixture and ½ of the cheese mixture on the lasagna noodles; top with 4 more noodles.
6. Layer remaining turkey mixture and cheese mixture on the lasagna noodles.
7. Pour remaining pasta sauce over cheese mixture and cover with foil.
8. Bake at 350° F for 30 minutes.
9. Remove foil, sprinkle with the remaining mozzarella cheese and bake 5 more minutes until cheese is bubbly.

tip
Serve with **caesar salad (page 88)**.

pasta

lasaña

rinde 8 porciones

1 libra de pavo molido

¼ de taza de cebolla picada

¼ de cucharadita de sal

¼ de cucharadita de pimienta

2 tarros (de 24 onzas) de salsa para pasta, para dividir después

1 paquete de fideos para lasaña

2 huevos batidos

1 paquete (de 15 onzas) de queso ricota descremado

4 cucharadas de queso parmesano rallado

2 cucharaditas de orégano

3 tazas de hojas tiernas de espinaca fresca, enjuagadas y picadas

1 paquete (de 8 onzas) de queso mozzarella rallado

1. Rociar una sartén grande con aceite rociador y sofreír la carne molida con la cebolla, la sal y la pimienta; añadir 1 taza de la salsa de carne y quitar del fuego.
2. En una olla grande, cocinar ocho fideos hasta que estén blandos; escurrir y separar a un lado.
3. Verter 1 taza de la salsa de tomate al fondo de un molde de 13x9-pulgadas y colocar 4 fideos de lasaña sobre la salsa; separar a un lado.
4. En un tazón grande, mezclar el huevo, el queso Ricota, el queso parmesano, el orégano, la espinaca picada y la mitad de el paquete de queso mozzarella.
5. Hacer una capa con la mitad de la mezcla de carne y una capa de la mezcla de queso sobre los fideo de lasaña; colocar 4 fideos más.
6. Hacer una capa con el resto de la mezcla de carne y una capa de mezcla de queso sobre los fideos.
7. Verter el resto de la salsa de pasta sobre la mezcla de queso y cubrir con papel aluminio.
8. Hornear a 350° F durante 30 minutos.
9. Retirar el papel aluminio, espolvorear con el queso mozzarella que sobra y hornear durante 5 minutos más o hasta que el queso esté burbujeante o derretido.

sugerencia

Servir con **ensalada cesar (pagina 89)**.

pasta

low fat chicken pasta

serves 6

 1 (16 ounce) bag bow-tie pasta
½ cup rinsed and chopped fresh basil
 3 roma tomatoes, chopped
½ teaspoon garlic salt
 2 boneless, skinless chicken breasts, page 164, cooked and shredded
 1 tablespoon lemon juice
¼ cup shredded Parmesan cheese

1.   In a large pot, cook pasta until tender; drain and stir in remaining ingredients.

tip
Serve with **basic dinner salad (page 84)**.

For a variation, add steamed asparagus.

www.porfavornanny.com

pollo y pasta bajo en calorías

1 bolsa (de 16 onzas) de pasta corbata de lazo "bow-tie"
½ taza de albahaca fresca, enjuagada y picada
3 tomates roma, picados
½ cucharadita de sal de ajo en polvo
2 pechugas de pollo, pagina 165, deshuesadas, sin piel, cocidas y cortadas en cubitos
1 cucharada de jugo de limón
¼ de taza de queso parmesano rallado

1. En una olla grande, cocinar la pasta hasta que esté suave; escurrir y añadir los demás ingredientes.

sugerencia
Servir con **ensalada básica (pagina 85)**.

Para variar, añadir espárragos cocinados al vapor.

pasta

macaroni & cheese

1 (12 ounce) package of elbow macaroni
1 cup shredded cheddar cheese
1 cup shredded Swiss cheese
8 ounces Velveeta® cheese, cubed
3 tablespoons butter
¼ cup flour
½ teaspoon salt
½ teaspoon pepper
1 cup milk

1. In a large pot, boil macaroni until tender.
2. Drain water and pour macaroni back into pot.
3. Add remaining ingredients to pot and stir well.
4. Pour into a greased 13x9-inch baking dish.
5. Bake at 350° F for 20 minutes.

tip
Serve with green beans (page 124).

pasta

www.porfavornanny.com

macarrones con queso

rinde 6 porciones

1 paquete (de 12 onzas) de fideo macarrón
1 taza de queso cheddar, rallado
1 taza de queso suizo, rallado
8 onzas de queso Velveeta®, cortado en cubitos pequeños
3 cucharadas de mantequilla
¼ de taza de harina
½ cucharadita de sal
½ cucharadita de pimienta
1 taza de leche

1. En una olla grande, cocer los macarrones hasta que estén blandos.
2. Escurrir los macarrones y regresar a la olla.
3. Añadir los demás ingredientes a la olla y mezclar bien.
4. Verter los macarrones en un molde engrasado de 13x9-pulgadas.
5. Hornear 350° F durante 20 minutos.

sugerencia
Servir con **ejotes (pagina 125)**.

pasta

rigatoni pasta

serves 8

1 (16 ounce) package rigatoni pasta
1 pound Italian sausage
2 tablespoons canola oil
1 large bell pepper, rinsed and chopped
1 onion, chopped
1 teaspoon minced garlic
1 (12 ounce) jar spaghetti sauce
½ cup grated Parmesan cheese
1 cup grated mozzarella cheese

1. In a large pot, cook pasta until tender; drain and put into a large bowl.
2. In a large skillet, brown sausage; drain and add to bowl of pasta.
3. In same large skillet, sauté pepper, onion and garlic in oil for 3 minutes; add to bowl of pasta.
4. Add spaghetti sauce and grated Parmesan cheese.
5. Spoon mixture into a 13x9-inch casserole dish and top with mozzarella cheese.
6. Bake at 350° F for 20 minutes until cheese is hot and bubbly.

tip

Serve with green salad and garlic bread.

This dish can be made ahead and cooked in the oven right before meal time.

pasta

pasta rigatoni

rinde 8 porciones

1 paquete (de 16 onzas) de pasta "rigatoni"
1 libra de chorizo italiano
2 cucharadas de aceite canola
1 pimiento grande, enjuagado y picado
1 cebolla picada
1 cucharadita de ajo picado finamente
1 tarro (de 12 onzas) de salsa de espagueti
½ taza de queso parmesano rallado
1 taza de queso mozzarella rallado

1. En una olla grande, cocinar la pasta hasta que esté suave; escurrir la pasta y poner dentro un tazón grande.
2. En una sartén grande, sofreír el chorizo; escurrir la grasa y añadir con la pasta dentro del tazón.
3. En la misma sartén, sofreír el pimiento, la cebolla, y el ajo en el aceite durante 3 minutos; mezclar con la pasta dentro de el tazón.
4. Añadir la salsa de espagueti y el queso parmesano.
5. Verter la mezcla dentro de un molde de hornear de 13x9-pulgadas y espolvorear con el queso mozzarella.
6. Hornear a 350° F durante 20 minutos hasta que el queso esté caliente y burbujeante.

sugerencia
Servir con ensalada y pan de ajo.

Este plato se puede preparar con anterioridad y hornear antes de servir.

pasta

spaghetti with meat sauce

1 pound ground turkey
2 (29 ounce) cans tomato puree
2 tablespoons dried sweet basil
1 tablespoon oregano
1 teaspoon minced garlic
2 tablespoons vegetable oil
1 teaspoon onion powder
1 teaspoon sugar
½ teaspoon pepper
1 (10 ounce) package spaghetti noodles

1. Coat a large skillet with cooking spray and cook turkey; set aside.
2. In a large saucepan, mix tomato puree, sweet basil, oregano, garlic, oil, onion powder, sugar and pepper; simmer for 5 minutes.
3. Add cooked turkey to saucepan and simmer for 1 hour.
4. In a large pot, boil spaghetti until tender; drain.
5. Serve meat sauce over spaghetti.

tip
Serve with **caesar salad (page 88)**.

This sauce can also be used as a sauce when making **lasagna (page 206)**.

time saver:
Use store bought spaghetti sauce with 1 pound cooked meat.

pasta

espagueti con carne

rinde 6 porciones

1 libra de pavo molido
2 tarros (de 29 onzas) de puré de tomate
2 cucharadas albahaca dulce y seca
1 cucharada de orégano
1 cucharadita de ajo picado finamente
2 cucharadas de aceite vegetal
1 cucharadita de cebolla en polvo
1 cucharadita de azúcar
½ cucharadita de pimienta
1 paquete (de 10 onzas) de fideo espagueti

1. Rociar una sartén grande con aceite rociador y sofreír el pavo; separar a un lado.
2. En una cacerola grande, mezclar el puré de tomate, la albahaca dulce, el orégano, el ajo, el aceite, la cebolla en polvo, el azúcar y la pimienta; cocer durante 5 minutos más.
3. Añadir la carne cocida a la salsa de tomate y cocinar a fuego lento durante 1 hora revolviendo de vez en cuando.
4. En una olla, cocinar el fideo espagueti hasta que esté suave; escurrir.
5. Servir la carne encima del espagueti.

sugerencia
Servir con **ensalada cesar [pagina 89]**.

Esta salsa se puede usar con la receta de **lasaña [pagina 207]**.

para ahorrar tiempo:
Usar salsa de espagueti de la tienda con una libra de carne cosida.

pasta

tortellini with pesto

1 (12 ounce) package refrigerated tortellini
1 (8 ounce) package refrigerated pesto

1. Bring large pot of water to a rapid boil.
2. Add tortellini to boiling water and cook for 8 minutes.
3. Drain water from tortellini and toss with ¼ cup pesto.

tip
Serve with caesar salad (page 88) and French bread.

For picky eaters, substitute spaghetti sauce for pesto.

pasta

tortellini con salsa pesto

rinde 8 porciones

1 paquete (de 12 onzas) de tortellini, refrigerado
1 paquete (de 8 onzas) de salsa pesto, refrigerado

1. En una olla grande, hervir el agua.
2. Añadir tortellini al agua y cocer durante 8 minutos.
3. Escurrir el agua y mezclar el tortellini con ¼ de taza de salsa pesto.

sugerencia

Servir con **ensalada cesar (pagina 89)** y pan francés.

Para niños melindrosos, sustituir la salsa pesto por salsa de espagueti.

pasta

measurements | medidas

1	cup	=	1	taza	=	235 ml
½	cup	=	½	taza	=	120 ml
⅓	cup	=	⅓	taza	=	75 ml
¼	cup	=	¼	taza	=	60 ml
⅛	cup	=	⅛	taza	=	30 ml
1	tablespoon	=	1	cucharada	=	15 ml
½	tablespoon	=	½	cucharada	=	7.5 ml
1	teaspoon	=	1	cucharadita	=	5 ml
½	teaspoon	=	½	cucharadita	=	2.5 ml
⅓	teaspoon	=	⅓	cucharadita	=	1.75 ml
¼	teaspoon	=	¼	cucharadita	=	1.25 ml

desserts | postres

blueberry cobbler

serves 8

1 egg
1 cup sugar
1 cup flour
1 (16 ounce) bag frozen blueberries
1 tablespoon lemon juice
1 stick butter, melted

1. In a medium bowl, mix egg, sugar and flour; set aside.
2. Place blueberries in a greased 8x8-inch square baking dish.
3. Sprinkle with lemon juice and cover with sugar mixture.
4. Drizzle melted butter over topping.
5. Bake at 375° F for 40 minutes until golden brown.

tip
Substitute your favorite fruit for blueberries.

Serve with vanilla ice cream.

desserts

www.porfavornanny.com

torta crujiente de moras azules

1 huevo
1 taza de azúcar
1 taza de harina
1 bolsa congelada (de 16 onzas) de moras azules
1 cucharada de jugo de limón
1 barra de mantequilla, derretida

1. En un tazón mediano, mezclar huevo, azúcar y harina; separar a un lado.
2. Colocar moras azules en un molde de 8x8-pulgadas engrasado.
3. Rociar con el jugo de limón y cubrirlo con la mezcla de azúcar.
4. Chorrear la mantequilla derretida sobre todo.
5. Hornear a 375° F durante 40 minutos hasta que se dore.

sugerencia:
Sustituir los moras azules con su fruta favorita.

Servir con helado de vainilla.

postres

brownies

3 squares unsweetened baking chocolate
1½ sticks butter
3 eggs
¼ teaspoon salt
1½ cups sugar
2 teaspoons vanilla extract
¾ cup flour
¼ cup of powdered sugar

1. In a small glass bowl, melt chocolate and butter for 1 minute in the microwave; stir and set aside.
2. In a medium size bowl, mix eggs and salt.
3. Add sugar to eggs; mix well.
4. Add the chocolate and vanilla extract; mix well.
5. Slowly stir in flour.
6. Pour into a greased and floured 8x11.5-inch baking dish.
7. Bake at 350° F for 25 minutes.
8. Let cool and sift powder sugar on top before cutting.

tip
Instead of greasing dish, use parchment paper.

desserts

www.porfavornanny.com

mazapán de chocolate

rinde 12 porciones

    3 cuadros de chocolate para cocinar sin azúcar
1½ barras de mantequilla
    3 huevos
¼ de cucharadita de sal
1½ tazas de azúcar
    2 cucharaditas extracto de vainilla
¾ de taza de harina
¼ de taza de azúcar en polvo

1. En un tazón pequeño de vidrio, derretir el chocolate y la mantequilla en la microondas durante 1 minuto; mezclar bien y separar a un lado.
2. En un tazón mediano, mezclar los huevos y la sal.
3. Añadir azúcar a los huevos; mezclar bien.
4. Añadir el chocolate y el extracto de vainilla; mezclar bien.
5. Añadir la harina poco a poco.
6. Verter en un molde engrasado y enharinado de 8x11.5-pulgadas.
7. Hornear a 350° F durante 25 minutos.
8. Dejar enfriar y tamizar azúcar en polvo encima antes de cortar.

sugerencia
Sustituir papel "parchment" en vez de engrasar el molde.

postres

chocolate chip cookies

2 sticks butter
½ cup sugar
1 cup brown sugar
2 eggs
2 teaspoons vanilla extract
2¼ cups flour
1 teaspoon baking soda
1 teaspoon salt
1 (12 ounce) package chocolate chip morsels

1. In a large mixing bowl, combine butter, sugar and brown sugar; mix well.
2. Gradually beat in eggs and vanilla.
3. Add flour, baking soda and salt.
4. Stir in chocolate chips using a spoon.
5. Drop small balls of cookie dough onto cookie sheets lined with parchment paper.
6. Bake at 375˚ F for 10 minutes.
7. Cool on cookie sheet for a couple of minutes, then place cookies on wire cooling rack.

tip
Your favorite nuts and chocolate candy can be substituted for chocolate chips.

Freeze unbaked cookie dough balls for later use:
1. Place them on a cookie sheet and leave in freezer until frozen.
2. Place them in Ziploc® bags and freeze until ready to use. You can bake them frozen, but it may take a little longer to bake.

desserts

galletas con pedacitos de chocolate

rinde 3 docenas de galletas

2 barras de mantequilla
½ taza de azúcar
1 taza de azúcar moreno
2 huevos
2 cucharaditas de extracto de vainilla
2¼ tazas de harina
1 cucharadita de bicarbonato de sodio
1 cucharadita de sal
1 (12 onzas) paquete de pedacitos de chocolate

1. En un tazón grande, combinar la mantequilla, el azúcar y el azúcar moreno; mezclar bien.
2. Batir, poco un poco, y añadir los huevos y el extracto de vainilla.
3. Añadir la harina, el bicarbonato de sodio y la sal.
4. Revolver los pedacitos de chocolate usando una cuchara.
5. Hacer bolitas con la masa y colocar sobre bandejas de galletas cubiertas con papel "parchment."
6. Hornear a 375˚ F durante 10 minutos.
7. Dejar enfriar en las bandejas durante unos minutos y transferir las galletas a una parrilla para dejar enfriar completamente.

sugerencia
Puede sustituir los pedacitos de chocolate con sus favoritos nueces o caramelos.

Congelar la masa de galletas para hornear más tarde:
1. Colocar las bolitas de masa sobre una bandeja de hornear y dejar congelar.
2. Luego transferirlos dentro de bolsas Ziploc® y congelar hasta la hora de usar. Puede hornearlos mientras están congelados, pero tomara más tiempo.

postres

chocolate sheet cake

serves 12

chocolate cake ingredients

2 cups flour

2 cups sugar

1 stick butter

3½ tablespoons cocoa powder

1 cup water

½ cup vegetable oil

2 eggs, beaten

1 teaspoon baking soda

1 teaspoon vanilla extract

½ cup buttermilk

chocolate icing ingredients

1 stick butter

½ cup milk

3½ tablespoons cocoa powder

1 box (3¾ cups) powdered sugar

2 teaspoons vanilla extract

1 cup pecans (optional)

1. In a large bowl, mix flour and sugar; set aside.
2. In a small saucepan, boil butter, cocoa, water and oil.
3. Pour over flour mixture and mix well.
4. Add eggs, baking soda, vanilla and buttermilk; mix well.
5. Pour mixture into a greased 13x9-inch baking dish.
6. Bake at 400˚ F for 20-25 minutes.

After baking for 15 minutes, begin icing recipe:
1. In a saucepan, bring butter, milk and cocoa to boil, stirring constantly; remove from heat.
2. Add powdered sugar, vanilla extract and pecans; mix until smooth.
3. Pour icing over hot cake.

tip

Substitutions for buttermilk: (1) Add ½ cup of plain yogurt *or* (2) add ½ tablespoon of white vinegar to ½ cup milk, mix well and let stand for 5 minutes.

desserts

torta de chocolate

rinde 12 porciones

ingredientes para la torta

2 tazas de harina

2 tazas de azúcar

1 barra de mantequilla

3½ cucharadas de polvo de cacao

1 taza agua

½ taza de aceite vegetal

2 huevos, batidos

1 cucharadita bicarbonato de sodio

1 cucharadita de extracto de vainilla

½ taza de suero de leche

ingredientes para cubierta de la torta

1 barra de mantequilla

½ taza de leche

3½ cucharadas de cacao

1 caja (3¾ tazas) de azúcar en polvo

2 cucharaditas de extracto de vainilla

1 taza de nueces pecan (opcional)

1. En un tazón grande, mezclar la harina y el azúcar; separar a un lado.
2. En una cacerola pequeña, hervir la mantequilla, el cacao, el agua y el aceite.
3. Verter sobre la mezcla de harina y mezclar bien.
4. Añadir los huevos, el bicarbonato de sodio, el extracto de vainilla y el suero de leche; mezclar bien.
5. Verter dentro de un molde de 13x9-pulgadas engrasado.
6. Hornear a 400° F durante 20-25 minutos.

Después de hornear durante 15 minutos, comenzar a preparar la cubierta para la torta:
1. En una cacerola, hervir la mantequilla, la leche y el cacao mezclar constantemente; quitar del fuego.
2. Añadir el azúcar en polvo, el extracto de la vainilla y las nueces; mezclar hasta que esté cremoso.
3. Verter esta preparación sobre el pastel caliente.

sugerencia

Sustituciones para el suero de leche: (1) ½ taza de yogur sabor natural o (2) añadir ½ cucharada de vinagre blanco a ½ taza de leche, mezclar bien y dejar reposar durante 5 minutos.

postres

easy sugar cookies

makes 20 cookies

 1 stick butter, softened
½ cup vegetable oil
 1 egg
 1 cup sugar
 2 teaspoons vanilla extract
2½ cups flour
 1 teaspoon baking soda
 1 teaspoon cream of tartar
   additional ½ cup sugar in shallow dish

1. In a large mixing bowl, cream butter.
2. Add oil, egg, sugar and vanilla; mix well.
3. Add flour, baking soda and cream of tartar; mix well.
4. Form small balls of cookie dough and place on a cookie sheet lined with parchment paper.
5. Spray the bottom of a glass with cooking spray, dip in sugar and use to flatten cookies. This makes a pretty design on the cookie.
6. Bake at 350° F for 8-10 minutes until barely golden around the edges. Do not overcook.
7. Cool on cookie sheet for a couple of minutes, then place cookies on wire cooling rack.

tip
Use this recipe for the dough of the **fruit pizza [page 230]**.

To make chocolate cookies, add 3 tablespoons cocoa to mixture and bake.

desserts

galletas de azúcar

rinde 20 galletas

1 barra mantequilla, suavizada
½ taza de aceite vegetal
1 huevo
1 taza de azúcar
2 cucharaditas de extracto de vainilla
2½ tazas de harina
1 cucharadita de bicarbonato de sodio
1 cucharadita de crema de tártaro
½ taza de azúcar adicional dentro de un molde poco profundo para revolver las bolas de masa

1. En un tazón grande, batir la mantequilla hasta que esté cremosa.
2. Añadir el aceite, el huevo el azúcar y el extracto de vainilla; mezclar bien.
3. Añadir la harina, el bicarbonato de sodio y la crema de tártaro; mezclar bien.
4. Formar bolitas pequeñas de masa y colocar sobre una bandeja de hornear galletas cubierta con papel de "parchment."
5. Rociar, por la parte de afuera, el fondo de un vaso con aceite rociador, sumergir en azúcar para aplastar las galletas. Esto deja un diseño bonito sobre la galleta.
6. Hornear a 350° F durante 8-10 minutos hasta que los filos se doren. No sobre cocer.
7. Dejar enfriar en la bandeja durante unos minutos y transferir las galletas a una parrilla para que se enfríen completamente.

sugerencia

Usar esta receta para la masa de **pizza de fruta (pagina 231)**.

Para hacer galletas de chocolate, añadir 3 cucharadas de cacao a la mezcla y hornear.

postres

fruit pizza

  1 package of refrigerated sugar cookie dough
  8 ounces cream cheese
½ cup powered sugar
  2 tablespoons milk
½ teaspoon vanilla extract
  3 cups favorite fruit, sliced

1. Spread sugar cookie dough evenly over a jelly roll pan.
2. Bake at 350° F for 8-10 minutes until light brown; set aside.
3. In a small bowl, mix together cream cheese, sugar, milk and vanilla.
4. Spread cream cheese mixture over cooled cookie.
5. Lay fruit on top of cream cheese, cut into squares and serve.

tip
Kiwi, strawberries, peaches and blueberries are great for this recipe.

desserts

pizza de fruta

rinde 12 porciones

1 paquete refrigerado de maza de galletas de azúcar
8 onzas de queso crema
½ taza de azúcar en polvo
2 cucharadas de leche
½ cucharadita de extracto de vainilla
3 tazas de su fruta favorita en rebanadas

1. Esparcir la masa de galleta de una manera uniforme sobre un molde de galletas con lados.
2. Hornear a 350° F durante 8-10 minutos hasta que se dore; separar a un lado.
3. En un tazón pequeño, mezclar el queso crema, el azúcar, la leche y el extracto de vainilla.
4. Esparcir la mezcla de queso crema sobre la galleta enfriada.
5. Colocar la fruta sobre el queso crema, cortar en cuadrados y servir.

sugerencia
Kiwi, fresas, duraznos, y moras azules quedan deliciosos en esta receta.

postres

italian cream cake

cake ingredients

1 (18 ounce) box yellow cake mix
1 (3.4 ounce) package vanilla instant pudding mix
1⅓ cup water
4 eggs
¼ cup vegetable oil
2 cups coconut flakes
1 cup chopped pecans

icing ingredients

1 box (3¾ cups) powdered sugar
1 stick butter
1 (8 ounce) package cream cheese
1 teaspoon vanilla extract
¼ cup milk
⅔ cup chopped pecans
1 cup coconut flakes

1. In a large mixing bowl, beat cake mix, pudding mix, water, eggs and oil.
2. Fold in coconut and pecans.
3. Pour into three round 8-inch cake pans that have been greased and floured.
4. Bake at 350˚ F for 30 minutes.
5. Allow to cool completely before removing cakes from pans.

icing:

1. In a large mixing bowl, beat first five ingredients.
2. Fold in pecans and coconut.
3. Spread icing over each layer of cake and stack the layers. Use the remaining icing to cover the sides of the layered cake.

tip

You can bake this in a 13x9-inch pan for 40-45 minutes.

desserts

pastel de crema italiano

ingredientes de torta

1 caja (de 18 onzas) de pastel amarillo
1 paquete (de 3.4 onzas) de pudín instantáneo
  en polvo sabor vainilla
1⅓ taza de agua
4 huevos
¼ de taza de aceite vegetal
2 tazas de coco rallado
1 taza de nueces pecan, picadas

ingredientes de glaseado de torta

1 caja (de 3¾ tazas) de azúcar en polvo
1 barra de mantequilla
1 paquete (de 8 onzas) de queso crema
1 cucharadita de extracto de vainilla
¼ de taza de leche
⅔ de taza de nueces pecan, cortados
1 taza de coco rallados

1. En un tazón grande, batir el paquete de pastel, el pudín en polvo, el agua, los huevos y el aceite.
2. Envolver el coco y las nueces.
3. Verter dentro de tres moldes redondos de 8-pulgadas engrasados y enharinados.
4. Hornear a 350° F durante 30 minutos.
5. Dejar enfriar completamente antes de quitar del molde.

glaseado:
1. En un tazón grande, batir los primeros cinco ingredientes.
2. Envolver el coco y las nueces.
3. Esparcir el glaseado de una manera uniforme entre cada capa de torta, por encima de la torta y a los lados también.

sugerencia
Puede usar un molde de 13x9-pulgadas y hornear durante 40-45 minutos.

postres

lemon dessert bars

2¼ cups flour, divided
½ cup powdered sugar
2 sticks butter
4 eggs, beaten
2 cups sugar
⅓ cup lemon juice
½ teaspoon baking powder
additional powdered sugar

1. In a medium bowl, mix 2 cups flour and powdered sugar.
2. Using a fork, cut in butter until mixture clings together.
3. Press mixture in a 13x9-inch baking pan.
4. Bake at 350° F for 30 minutes until lightly browned.
5. In a medium bowl, beat eggs, sugar, lemon juice, ¼ cup remaining flour and baking powder.
6. Pour over crust and bake at 350° F for an additional 20-25 minutes.
7. Remove from oven and let cool.
8. Sprinkle with powdered sugar and cut into bars.

desserts

barras de limón

rinde 18 barras

2¼ tazas de harina, para dividir después
½ taza de azúcar en polvo
2 barras de mantequilla
4 huevos batidos
2 tazas de azúcar
⅓ taza de jugo de limón
½ cucharadita de polvo de hornear
azúcar en polvo adicional

1. En un tazón mediano, mezclar 2 tazas de harina y el azúcar en polvo.
2. Usando un tenedor, mezclar la mantequilla completamente con la harina.
3. Aplastar la mezcla dentro de un molde de hornear de 13x9-pulgadas.
4. Hornear a 350° F durante 30 minutos hasta que se dore.
5. En un tazón mediano, batir los huevos, el azúcar, el jugo de limón, ¼ de taza de harina y el polvo de hornear.
6. Regar sobre la corteza y hornear a 350° F durante 20-25 minutos más.
7. Sacar del horno y dejar enfriar.
8. Espolvorear con azúcar en polvo y cortar en barras.

postres

oatmeal cookies

2 eggs
1 cup canola oil
¾ cup sugar
1 cup brown sugar
1 teaspoon vanilla extract
1 teaspoon baking soda
4 cups uncooked oatmeal (old-fashioned or quick cooking oats)
1 cup flour
1 teaspoon salt
1 cup coconut flakes
2 cups chopped pecans (optional)
1 cup mini chocolate chips or raisins (optional)

1. In a large bowl, beat eggs, oil, sugar, brown sugar, vanilla and baking soda.
2. Add oatmeal, flour, salt, coconut and optional ingredients.
3. Form dough into balls and drop on a parchment lined cookie sheet.
4. Bake at 350° F for 10-12 minutes.

tip

Freeze unbaked cookie dough balls for later use:
1. Place them on a cookie sheet and leave in freezer until frozen.
2. Place them in Ziploc® bags and freeze until ready to use. You can bake them frozen, but it may take a little longer to bake.

desserts

galletas de avena

rinde 4 docenas de galletas

2 huevos
1 taza de aceite canola
¾ de taza de azúcar
1 de taza de azúcar moreno
1 cucharadita de extracto de vainilla
1 cucharadita de bicarbonato de sodio
4 tazas de avena cruda "old fashion cooking oats" o "quick cooking oats"
1 taza de harina
1 cucharadita de sal
1 taza de coco rallado
2 tazas de pedacitos de nueces pecan (optional)
1 taza de mini pedacitos de chocolate o pasas (opcional)

1. En un tazón grande, batir los huevos, el aceite, el azúcar, el azúcar moreno, el extracto de vainilla y el bicarbonato de sodio.
2. Añadir la avena, la harina, la sal, el coco y los ingredientes opcionales.
3. Formar bolitas de masa y colocarlos sobre una bandeja de hornear galletas forrada con papel "parchment."
4. Hornear a 350° F durante 10-12 minutos.

sugerencia
Congelar la masa de galletas para hornear más tarde:
1. Colocar las bolitas de masa sobre una bandeja de hornear y dejar congelar.
2. Luego transferirlos dentro de bolsas Ziploc® y congelar hasta la hora de usar. Puede hornearlos mientras están congelados, pero tomara más tiempo.

postres

peanut butter cookies

1½ cups flour
 1 teaspoon baking soda
 ¼ teaspoon salt
 ½ cup shortening
 ½ cup sugar
 ½ cup brown sugar
 1 egg, beaten
 ½ teaspoon vanilla extract
 ½ cup peanut butter
  additional ½ cup sugar in shallow dish

1. In a small bowl, combine flour, soda, and salt; set aside.
2. In a large bowl, cream shortening, sugar and brown sugar.
3. Add egg and vanilla to sugar mixture; beat until smooth.
4. Add peanut butter to sugar mixture; stir well.
5. Add flour mixture.
6. Mix to a stiff batter; set aside.
7. Pour ½ cup of sugar into a small bowl to use for the cookie dough.
8. Form dough into small balls, roll in sugar and place on cookie sheet.
9. Flatten each cookie with a fork making a crisscross pattern.
10. Bake at 325° F for 10-12 minutes.

variation on this recipe:
1. Place a ball of cookie dough in a lined mini muffin tin and bake for 10 minutes. Remove from oven.
2. Place a mini Reese's Peanut Butter Cup in the center of each cookie before they cool.
3. Sprinkle with colored sugar.

desserts

galletas de crema de cacahuate

rinde 3 docenas de galletas

1½ tazas de harina
1 cucharadita de bicarbonato de sodio
¼ de cucharadita de sal
½ taza de manteca vegetal
½ taza de azúcar
½ taza de azúcar moreno
1 huevo batido
½ cucharadita de extracto de vainilla
½ taza de crema de cacahuate
½ taza de azúcar adicional dentro de un molde poco profundo para revolver las bolas de masa

1. En un tazón pequeño, combinar la harina, el bicarbonato de sodio, y la sal; separar a un lado.
2. En un tazón grande, batir la manteca vegetal el azúcar. y el azúcar moreno.
3. Añadir los huevos y el extracto de vainilla a la mezcla de azúcar, mezclar hasta que esté cremoso.
4. Añadir crema de cacahuate a la mezcla de azúcar; mezclar bien.
5. Añadir la mezcla de harina.
6. Mezclar hasta que la masa se endurezca; separar a un lado.
7. Verter ½ taza de azúcar dentro de un tazón pequeño para usar con la masa.
8. Formar bolitas pequeñas, revolver en el azúcar y colocarlas en una bandeja de hornear galletas.
9. Aplastar cada bola con un tenedor haciendo un diseñó de 'x' en cada galleta.
10. Hornear a 325° F durante 10-12 minutos.

variación de esta receta:

1. Colocar una bola de masa dentro de un molde de panecillo forado con papelitos de hornear panecillos y hornear durante 10 minutos. Retirar del horno.
2. Poner un chocolate "Reese's Peanut Butter Cup" mini en la mitad de cada galleta antes de que se enfríen.
3. Espolvorear con azúcar de color.

postres

pound cake

1 (18 ounce) box yellow cake mix
1 (3.4 ounce) package vanilla pudding mix
½ cup vegetable oil
½ cup water
4 eggs
1 cup sour cream
1 (6 ounce) package chocolate chip morsels (optional)
1 cup chopped pecans (optional)
1 cup chopped coconut flakes (optional)
powdered sugar

1. In a medium size mixing bowl, combine cake mix, pudding mix, oil and water.
2. Add eggs separately, beating after each addition.
3. Add sour cream.
4. With a wooden spoon, stir in chocolate chips, pecans and coconut if desired.
5. Bake in a greased and floured Bundt pan at 350˚ F for 45-50 minutes.
6. Let cool and sift powdered sugar on top of cake.

variations on this recipe:
1. To make a chocolate pound cake, substitute chocolate pudding for vanilla pudding.
2. To make a spiced pound cake, substitute spiced cake mix for yellow cake mix.

desserts

www.porfavornanny.com

bizcochuelo

rinde 12 porciones

1 caja (de 18 onzas) de pastel amarillo
1 paquete (de 3.4 onzas) de mezcla de pudín de vainilla
½ taza de aceite vegetal
½ taza de agua
4 huevos
1 taza de crema agria
1 paquete (de 6 onzas) de pedacitos de chocolate (opcional)
1 taza de nueces pecan, picados (opcional)
1 taza de coco rallado (opcional)
azúcar en polvo

1. En un tazón mediano, combinar la caja de pastel seco, el pudín de vainilla, el aceite y el agua.
2. Uno por uno, añadir los huevos y batir con un la batidora eléctrica.
3. Añadir la crema agria.
4. Con una cuchara de madera, revolver la mezcla con el chocolate, las nueces y el coco si desea.
5. Hornear a 350° F dentro de un molde redondo "Bundt" engrasado y enharinado durante 45-50 minutos.
6. Dejar enfriar y tamizar el azúcar en polvo encima.

variaciones de esta receta:

1. Para hacer un bizcochuelo de chocolate sustituir pudín de chocolate en lugar del pudín de vainilla.
2. Para hacer un bizcochuelo de especias, sustituir la caja de pastel amarillo con una caja de "spiced cake."

postres

tres leches cake

1 (18 ounce) box yellow cake mix
3 eggs
1⅓ cup water
⅓ cup vegetable oil
1 cup milk
1 (14 ounce) can sweetened condensed milk
1 (12 ounce) can evaporated milk
1 (12 ounce) container Cool Whip®

1. In a large bowl, combine cake mix, eggs, water and oil; mix well.
2. Pour into a greased 13x9-inch baking dish and bake at 350° F for 35 minutes.
3. In a medium bowl, mix milk, condensed milk, and evaporated milk; set aside.
4. Remove cake from oven and poke holes through it using a fork.
5. Pour milk mixture over cake, cover with plastic wrap and refrigerate overnight.
6. Top with Cool Whip® and serve cold.

variation on this recipe:
Substitute 1 cup flavored coffee creamer for 1 cup milk.

pastel de tres leches

rinde 12 porciones

 1 (18 onzas) caja de pastel amarillo
 3 huevos
1⅓ tazas de agua
 ⅓ taza de aceite vegetal
 1 taza de leche
 1 lata (de 14 onzas) leche condensada y endulzada
 1 lata (de 12 onzas) leche evaporada
 1 paquete (de 12 onzas) de Cool Whip®

1. En un tazón grande, combinar la caja de pastel seco, los huevos, el agua y el aceite; mezclar bien.
2. Verter dentro de un molde de hornear de 13x9-pulgadas y hornear a 350° F durante 35 minutos.
3. En un tazón mediano, mezclar la leche, la leche condensada, y la leche evaporada; separar a un lado.
4. Sacar el pastel del horno y hacer huecos en el pastel usando un tenedor.
5. Verter la mezcla de leche sobre el pastel, cubrir con plástico y refrigerar durante una noche.
6. Poner una cuchara de Cool Whip® sobre cada porción y servir fría.

variación de esta receta:
Sustituir 1 taza de crema para café de tu sabor favorito en vez de 1 taza de leche.

postres

ultimate banana pudding

2 cups crumbled chocolate chip cookies, divided
6 bananas, sliced
1 (3.4 ounce) package instant French vanilla pudding mix
2 cups milk
1 (8 ounce) package cream cheese
1 (14 ounce) can sweetened condensed milk
1 (12 ounce) container of Cool Whip®

1. In a 13x9-inch baking pan, layer 1½ cups of the cookie crumbs and place bananas on top; set aside.
2. In a small bowl, mix pudding mix and milk until well blended; set aside.
3. In large bowl, blend cream cheese and condensed milk; stir in Cool Whip®.
4. Add pudding mixture to the cream cheese mixture and blend well.
5. Pour mixture over the bananas and top with remaining cookie crumbs.
6. Refrigerate for 2 hours or until ready to serve.

tip
Any mixture of leftover cookies works well for the cookie crumbs.

desserts

www.porfavornanny.com

el mejor pudín de plátano

rinde 12 porciones

2 tazas de galletas con pedacitos de chocolate hecho migas y dividido
6 plátanos, rebanados
1 caja (de 3.4 onzas) de pudín instantáneo sabor vainilla francés
2 tazas de leche
1 paquete (de 8 onzas) de queso crema
1 lata de (14 onzas) de leche condensada y endulzada
1 paquete (de 12 onzas) de Cool Whip®

1. En un molde de hornear de 13x9-pulgadas, hacer una capa usando 1½ tazas de las migas de galletas y luego poner los plátanos sobre las galletas; separar a un lado.
2. En un tazón pequeño, mezclar bien el pudín seco y la leche; separar a un lado.
3. En un tazón grande, batir el queso crema y la leche condensada; mezclar con el Cool Whip®.
4. Añadir la mezcla de pudín a la mezcla de queso crema y revolver bien.
5. Verter la mezcla sobre los plátanos y cubrir con las migas de galletas sobrante.
6. Dejar enfriar dentro del refrigerador durante 2 horas o hasta la hora de servir.

sugerencia
Puede usar cualquier mezcla de galletas.

postres

vanilla wafer bars

   1 stick butter, melted
1½ cups crushed vanilla wafer cookies
 ½ (12 ounce) package chocolate chip morsels
 1 cup coconut flakes
 1 cup pecans pieces
 1 (14 ounce) can sweetened condensed milk

1. Pour melted butter into a 13x9-inch baking dish.
2. Gently spread crushed cookies over melted butter with a spatula.
3. Sprinkle chocolate chips, coconut and pecans on top of crushed cookies.
4. Pour sweetened condensed milk over ingredients; do not stir.
5. Bake at 350˚ F for 30 minutes.
6. Let cool for 2 hours before cutting into squares.

desserts

www.porfavornanny.com

barras de "vanilla wafers"

rinde 12 porciones

1 barra de mantequilla, derretida
1½ tazas de galletas de "vanilla wafers," hecho migas
½ paquete (de 12 onzas) de pedacitos de chocolate
1 taza de coco rallado
1 taza de pedacitos de nueces pecan
1 lata de (14 onzas) de leche condensada y endulzada

1. Derretir la mantequilla y regar sobre un molde de hornear de 13x9-pulgadas.
2. Ligeramente, esparcir las migas de galletas sobre la mantequilla con una espátula.
3. Espolvorear los pedacitos de chocolate, el coco y las nueces sobre las galletas.
4. Regar la leche condensada sobre los otros ingredientes; no revolver.
5. Hornear a 350° F durante 30 minutos.
6. Dejar enfriar durante 2 horas antes de cortar en cuadros.

postres

measurements | substitutions | conversions
medidas | sustituciones | conversiones

additional pages

measurements|medidas

1	cup	=	1	taza	=	235	ml
½	cup	=	½	taza	=	120	ml
⅓	cup	=	⅓	taza	=	75	ml
¼	cup	=	¼	taza	=	60	ml
⅛	cup	=	⅛	taza	=	30	ml
1	tablespoon	=	1	cucharada	=	15	ml
½	tablespoon	=	½	cucharada	=	7.5	ml
1	teaspoon	=	1	cucharadita	=	5	ml
½	teaspoon	=	½	cucharadita	=	2.5	ml
⅓	teaspoon	=	⅓	cucharadita	=	1.75	ml
¼	teaspoon	=	¼	cucharadita	=	1.25	ml

substitutions

If you don't have...	substitute...
bacon, 1 slice cooked	1 heaping tablespoon of bacon pieces
bread crumbs, ¼ cup dry	¾ cup soft bread crumbs or ¼ cup cracker crumbs
broth, 1 cup chicken or beef	1 bouillon cube dissolved in 1 cup boiling water
buttermilk, 1 cup	1 cup plain yogurt
chocolate, 1 square unsweetened	3 tablespoons cocoa powder + 1 tablespoon vegetable oil
cream (light), 1 cup	1 tablespoon melted butter + enough milk to make 1 cup
garlic, 1 clove	½ teaspoon bottled minced garlic or ⅛ teaspoon garlic powder
half and half, 1 cup	1½ tablespoons melted butter + 1 cup milk
herbs, 1 teaspoon dried	1 tablespoon fresh herbs
mustard, 1 teaspoon ground	1 tablespoon prepared mustard
onion, ⅓ cup chopped	1 teaspoon onion powder or 1 tablespoon dried minced onion
sour cream, 1 cup	1 cup plain yogurt
sugar, 1 cup	1 cup packed brown sugar or 2 cups sifted powdered sugar
tomato juice, 1 cup	½ cup tomato sauce + ½ cup water
tomato sauce, 2 cups	¾ cup tomato paste + 1 cup water

additional pages

www.porfavornanny.com

sustituciones

Si no tiene...	sustituir...
tocino, 1 pedazo	1 cucharada llena de tocino autentico
migas de pan secas, ¼ de taza	¾ de taza de pan sin tostar, en migas o ¼ de taza de galletas de sal hecho migas
caldo de pollo o res, 1 taza	1 cubo de consomé derretido dentro 1 taza de agua hirviente
suero de leche, 1 taza	1 taza de yogur sin sabor
chocolate sin azúcar, 1 cuadrado	3 cucharadas de cacao en polvo + 1 cucharada de aceite vegetal
crema (*light*), 1 taza	1 cucharada de mantequilla derretida + leche suficiente para 1 taza
ajo, 1 diente de	½ cucharadita ajo picado finamente en tarro o ⅛ cucharadita ajo en polvo
crema *half and half*, 1 taza	1½ cucharadas de mantequilla derretida + 1 taza de leche
hierbas secas, 1 cucharadita	1 cucharada hierbas frescos
mostaza molida, 1 cucharadita	1 cucharada mostaza
cebolla picada, ⅓ de taza	1 cucharadita cebolla en polvo o 1 cucharada de cebolla seca y picada finamente
crema agria, 1 taza	1 taza de yogur sin sabor
azúcar, 1 taza	1 taza de azúcar morena o 2 tazas de azúcar en polvo tamizada
jugo de tomate, 1 taza	½ taza de salsa de tomate + ½ taza de agua
salsa de tomate, 2 tazas	¾ taza de tomate en pasta + 1 taza de agua

paginas adiciónales

conversions

a pinch	slightly less than ¼ teaspoon
3 teaspoons	1 tablespoon
2 tablespoons	1 ounce
4 tablespoons	½ cup or 4 ounces
1 cup	8 fluid ounces
2 cups	16 ounces = 1 pint = ½ quart
1 pound granulated sugar	2 cups
1 pound (1 box) powdered sugar	3 ¾ cups sifted
1 pound brown sugar	2 ¼ cups firmly packed
1 pound white flour	4 cups
1 pound whole wheat flour	4 ½ cups
1 pound cheese	2 cups grated
2 slices bread	1 cup bread crumbs
12 graham crackers	1 cup cracker crumbs
4 ounces nuts	¾ cups chopped nuts
apples, sliced raw, 1 pound	3 cups
carrots, sliced, 1 pound	3 cups
onions, chopped or sliced, 1 pound	3 cups
1 cup uncooked rice + 2 cups liquid	3 cups cooked rice
1 large egg white	2 tablespoons
8 large egg whites	1 cup
1 large egg yolk	1 tablespoon

conversiones

una pizca	un poco menos de ¼ de cucharadita
3 cucharaditas	1 cucharada
2 cucharadas	1 onza
4 cucharadas	½ taza o 4 onzas
1 taza	8 onzas líquidas
2 tazas	16 onzas = 1 pinta = ½ cuarto
1 libra azúcar	2 tazas
1 libra (1 caja) de azúcar en polvo	3 ¾ tazas tamizadas
1 libra de azúcar moreno	2 ¼ tazas bien compacto
1 libra de harina	4 tazas
1 libra de harina integral de trigo	4 ½ tazas
1 libra de queso	2 tazas ralladas
2 rodajas de pan	1 taza pan molido
12 galletas "graham"	1 taza de migas
4 onzas de nueces	¾ de taza de nueces picadas
1 libra de manzanas crudas en rodajas	3 tazas
1 libra de zanahorias crudas en rodajas	3 tazas
1 libra de cebollas crudas (rodajas o ralladas)	3 tazas
1 taza de arroz crudo más 2 tazas de liquido	3 tazas cocidas
1 clara de un huevo grande	2 cucharadas
8 claras de huevo grandes	1 taza
1 yema de huevo grande	1 cucharada

paginas adiciónales

glossary | index
glosario | índice

A

add little by little, to	aumentar poco a poco
add, to	añadir
almond extract	extracto de almendra
almond slices	rebanadas de almendras
almonds	almendras
aluminum foil	papel aluminio
American cheese	queso americano
apple cider vinegar	vinagre de sidra de manzana
artichokes	alcachofas
asparagus	espárragos
avocado	aguacate

B

bacon	tocino
bacon bits, real	pedazos de tocino frito, autentico en tarro
bacon, crumbled	tocino, desmenuzado
bag of mixed lettuces	bolsa de lechugas mixtas
bagel	bagel
bake, to	hornear
baking dish	molde de hornear
baking powder	polvo de hornear
baking soda	bicarbonato de sodio
balsamic vinegar	vinagre balsámico
bamboo shoots	retoños de bambú
banana slices	rebanadas de plátano
bananas, ripe bananas	plátanos, plátanos maduros
barbecue sauce	salsa de barbacoa
basil, fresh	albahaca fresco
baste, to	barnizar
bay leaf	hoja de laurel
beat, to	batir
beef	carne de res

bell pepper	pimiento
biscuit	bizcocho redondo
black beans	frijoles negros
blend, (in blender), to	mezclar (licuar)
blender	licuadora
blue cheese	queso azul
blueberry pie filling	relleno de moras para pay
boil, to	hervir
box	caja
bread	pan
bread, to	empanizar
bread crumbs	pan seco hecho migas
brisket	carne de res, "brisket"
broccoli, fresh or frozen	brócoli, fresco o congelado
brown sugar	azúcar moreno
brown, to	dorar
bouillon cubes	cubitos de caldo concentrado
Bundt pan	molde redondo tipo "Bundt"
butter	mantequilla
butter/grease, to	enmantequillar, engrasar
buttermilk	suero de leche

C

Caesar salad dressing	aderezo sabor Cesar
can of...	lata de...
caramelized	acaramelado
carrots	zanahorias
carton	cartón
cashews	nueces de india/ anacardos
cauliflower	coliflor
cayenne pepper	pimienta cayena
celery	apio
celery stalks	tallos de apio
cheddar cheese, shredded	queso cheddar rallado

cheese	queso	crock-pot®	olla eléctrica de cocción lenta
chicken	pollo	croutons	pan tostado y cortado en cubitos
chicken breast	pechuga de pollo		
chicken broth	caldo de pollo	crumble, to	hacer migas
chicken drumsticks	piernas de pollo	cubed	picado en cubitos
chili mix	sobre de "chili mix"	cucumber	pepino
chili powder	chile en polvo	cumin, ground	comino en polvo
chill, to	refrigerar	cup	taza
chives	cebollinos	cut, to	cortar
chocolate chips	pedacitos de chocolate	**D**	
chop, to	picar	de-bone, to	deshuesar
chopped white onion	cebolla blanca picada	deli ham	jamón del "deli"
cilantro/coriander	cilantro	dice, to	picar en cubitos
cinnamon, ground	canela en polvo	diced onion	cebolla picada
cloves	clavos	dinner rolls	rollos de pan
cocoa powder	polvo de cacao	dip, to	sumergir
coconut	coco	dissolve, to	disolver
combine, to	combinar	divide, to	dividir
cook separately	cocer aparte	drain, to	cernir
cook, to	cocinar	dressing, salad dressing	aderezo
cookie sheet	bandeja de hornear galletas	dust with flour, to	enharinar
cooking spray	aceite rociador	**E**	
corn	elote	edamame	chícharos edamame
corn on the cob	mazorcas de elote	egg	huevo
corn tortillas	tortillas de maíz	egg substitute	sustituto de huevo
cover (a pot), to	tapar	egg whites	claras de huevo
cover, to	cubrir	English muffins	panecillos ingleses
crackers	galletas de sal	evaporated milk	leche evaporada
cream butter, to	batir la mantequilla	**F**	
cream cheese	queso crema	feta cheese	queso feta
cream corn	crema de elote	fill/stuff, to	rellenar
cream of tartar	crema de tártaro	filling	relleno
crispy, crunchy	crujiente o crocante	fish	pescado

páginas adiciónales

English	Spanish
flip/turn over, to	dar la vuelta, voltear
flour	harina
flour tortillas	tortillas de harina
fold, to	envolver
freeze, to	congelar
frozen	congelado
frozen vegetables	vegetales congelados
fry, to	freír

G

garlic	ajo
garlic powder	ajo en polvo
garlic salt	sal de ajo
ginger	jengibre
granola bars	barras de "granola"
grapes, red or green	uvas rojas o verdes
grated	rallado
grease/butter, to	engrasar, enmantequillar
green chili sauce	salsa de chiles verdes
green chilies	chiles verdes
greens beans	ejotes
ground beef	carne de res molida
ground beef, cooked	carne molida cocida
ground mustard	mostaza molida
ground turkey	pavo molido
ground, to	moler

H

ham	jamón
ham bone	hueso de jamón
hard boiled eggs	huevos duros
honey	miel de abeja
horseradish	rábano picante

I

instant vanilla pudding	pudín instantáneo sabor vainilla
Italian salad dressing	aderezo sabor italiano
Italian sausage	chorizo italiano
Italian seasoning	sazona Italiana

J/K

jelly	mermelada
ketchup	catsup

L

layer, to	hacer capas
leftovers	sobras
lemon juice	jugo de limón
lemon pepper seasoning	sazonado limón-pimienta
let sit, to	dejar reposar
lettuce	lechuga
lime juice	jugo de limón verde
line with foil, to	forrar con papel aluminio
loosely cover	tapar flojamente
low fat	descremada

M

macaroni noodles	fideo macarrón
maple syrup	almíbar sabor "maple"
marinade	marinada
marinate, to	marinar
mash, to	aplastar
mayonnaise	mayonesa
melt, to	derretir
microwave safe dish	recipiente para microondas
milk	leche
minced garlic	ajo picado finamente
minced, finely chopped	picado finamente

mix, to	mezclar
mushroom soup	sopa de champiñones
mushrooms	champiñones
mustard	mostaza
mustard, Dijon	mostaza Dijon

N

nutmeg	nuez moscada
nuts	nueces

O

olive oil	aceite de oliva
olives, black	olivas negras
on top of	sobre
onion	cebolla
onion powder	cebolla en polvo
oregano	orégano
ounce	onza

P

package	paquete
paper towels	toallas de papel
Parmesan cheese	queso parmesano
parsley	perejil
pasta	pasta
pasta sauce	salsa para pasta
peanut butter	crema de cacahuate
peas	chícharos
pecan pieces	pedazos de nueces pecan
pecans	nueces pecan
peel, to	pelar
pepper	pimienta
pesto	salsa pesto
picante sauce	salsa picante
pickles	pepino encurtido
pie crust	corteza de pay

pinch of	pizca de
pineapple juice	jugo de piña
pizza sauce	salsa de pizza
place, to	acomodar, colocar
plain yogurt	yogur natural
pork chops	chuletas de cerdo
pork tenderloin	lomo de cerdo
pot	olla
potatoes	papas
pound	libra
pour, to	verter
powdered sugar	azúcar en polvo
prepare, to	preparar

Q

quarter, to	cortar en cuartos
quick cooking oats	avena "quick cooking oats"

R

rack	parrilla, morrillos de asador
radishes	rábanos
raisins	pasas
ranch salad dressing	aderezo sabor ranch
raw	crudo
red beans	frijoles rojos
red cabbage	col roja
red pepper, ground	pimienta roja molida
red potatoes	papas coloradas
reduce heat, to	reducir el fuego
reduce, to	reducir
refrigerate	refrigerar
relish	pepino encurtido
remove, to	retirar
rice	arroz
ricotta cheese	queso ricota

páginas adicionales

rinse, to	enjuagar	spaghetti sauce	salsa de spaghetti
roast beef	carne de res asada	spinach, frozen spinach	espinaca, espinaca congelada
roast chicken	pollo asado	spoon, to	sacar con cuchara
roll up, to	enrollar	spray, to	rociar
rosemary	romero	spread, to	untar

S

		sprinkle, to	esparcir/espolvorear
sage	salvia	steam, to	cocinar a vapor
salmon	salmón	stew	potaje
salt	sal	stew beef	carne de potaje, "stew beef"
saucepan	cacerola	stick	barra
sausage	chorizo	stir, to	revolver
sausage links	salchichas	strawberries	fresas
sauté	sofreír	stuff/fill, to	rellenar
sear, to	freír a fuego alto	sugar	azúcar
season, to	sazonar, aliñar	sun dried tomatoes	tomates secos dentro aceite
seasoning	sazón,	sweetened condensed milk	leche condensada y endulzada
separate, to	separar	Swiss cheese	queso suizo
serve, to	servir		

T

sesame oil	aceite sésamo oscuro	tablespoon	cucharada
set aside	separar a un lado	taco seasoning	sazón de taco
shortening	manteca vegetal	take out/away, to	sacar
shred the carrots	raspar las zanahorias	teaspoon	cucharadita
shred, to	desmenuzar	throw out, to	desechar
sift, to	tamizar	thyme	tomillo
simmer, to	hervir a fuego lento o bajo	toasted almonds	almendras tostadas
skillet	sartén	tomato	tomate
slice	rebanada	tomato paste	pasta de tomate
slice in strips	cortar en tajadas	tomato puree	puré de tomate
slices of bacon	lonjas de tocino	tomato sauce (canned)	salsa de tomate, lata de
soak, to	remojar	top with, to	condimentar con
sour cream	crema agria	tortellini, package	paquete de tortellini
soy sauce	salsa de soya	tortilla chips	tortillas fritas
spaghetti	fideo espagueti	toss, to	revolver levemente

additional pages

turn over/flip, to	dar la vuelta, voltear

U

unbaked	sin hornear
uncover, to	destapar
unsweetened chocolate	chocolate sin azúcar
until golden brown	hasta que se dore

V

vanilla	vainilla
vanilla extract	extracto de vainilla
vanilla pudding	pudín sabor vainilla
vanilla yogurt	yogur de vainilla
vegetable oil	aceite vegetal
vinaigrette dressing	aderezo vinagreta
vinaigrette, raspberry	aderezo sabor vinagre y mora

vinegar	vinagre

W

warm, to	calentar
wash, to	lavar
water chestnuts	castañas de agua
white vinegar	vinagre blanca
whole wheat bread	pan integral
whole wheat tortillas	tortillas de trigo integral
wild rice	arroz silvestre
Worcestershire sauce	salsa inglesa "Worcestershire"
wrap, to	envolver

Y/Z

yogurt	yogur
Ziploc® bags	bolsas Ziploc®

páginas
adiciónales

A

acaramelado	caramelized
aceite de oliva	olive oil
aceite rociador	cooking spray
aceite sésamo oscuro	sesame oil
aceite vegetal	vegetable oil
acomodar, colocar	place, to
aderezo	dressing, salad dressing
aderezo sabor Cesar	Caesar salad dressing
aderezo sabor italiano	Italian salad dressing
aderezo sabor ranch	ranch salad dressing
aderezo sabor vinagre y mora	vinaigrette, raspberry
aderezo vinagreta	vinaigrette dressing
aguacate	avocado
ajo	garlic
ajo en polvo	garlic powder
ajo picado finamente	minced garlic
albahaca fresco	basil, fresh
alcachofas	artichokes
almendras	almonds
almendras tostadas	toasted almonds
almíbar sabor "maple"	maple syrup
anacardos	cashews
añadir	add, to
apio	celery
aplastar	mash, to
arroz	rice
arroz silvestre	wild rice
aumentar poco a poco	add little by little, to
avena "quick cooking oats"	quick cooking oats
azúcar	sugar
azúcar en polvo	powdered sugar
azúcar moreno	brown sugar

B

bagel	bagel
bandeja de hornear galletas	cookie sheet
barnizar	baste, to
barra	stick
barras de "granola"	granola bars
batir	beat, to
batir la mantequilla	cream butter, to
bicarbonato de sodio	baking soda
bizcocho redondo	biscuit
bolsa de lechugas mixtas	bag of mixed lettuces
bolsas Ziploc®	Ziploc® bags
brócoli, fresco o congelado	broccoli, fresh or frozen

C

cacerola	saucepan
caja	box
caldo de pollo	chicken broth
calentar	warm, to
canela en polvo	cinnamon, ground
carne de potaje, "stew beef"	stew beef
carne de res	beef
carne de res asada	roast beef
carne de res molida	ground beef
carne de res, "brisket"	brisket
carne molida cocida	ground beef, cooked
cartón	carton
castañas de agua	water chestnuts
catsup	ketchup
cebolla	onion
cebolla blanca picada	chopped white onion
cebolla en polvo	onion powder
cebolla picada	diced onion

cebollinos	chives	crudo	raw
cernir	drain, to	crujiente o crocante	crispy, crunchy
champiñones	mushrooms	cubitos de caldo concentrado	bouillon cubes
chícharos	peas	cubrir	cover, to
chícharos edamame	edamame	cucharada	tablespoon
chile en polvo	chili powder	cucharadita	teaspoon
chiles verdes	green chilies		

D

chocolate sin azúcar	unsweetened chocolate
chorizo	sausage
chorizo italiano	Italian sausage
chuletas de cerdo	pork chops
cilantro	cilantro/coriander
claras de huevo	egg whites
clavos	cloves
cocer aparte	cook separately
cocinar	cook, to
cocinar a vapor	steam, to
coco	coconut
col roja	red cabbage
coliflor	cauliflower

dar la vuelta, voltear	flip/turn over, to
dar la vuelta, voltear	turn over/flip, to
dejar reposar	let sit, to
derretir	melt, to
descremada	low fat
desechar	throw out, to
deshuesar	de-bone, to
desmenuzar	shred, to
destapar	uncover, to
disolver	dissolve, to
dividir	divide, to
dorar	brown, to

E

combinar	combine, to
comino en polvo	cumin, ground
condimentar con	top with, to
congelado	frozen
congelar	freeze, to
cortar	cut, to
cortar en cuartos	quarter, to
cortar en tajadas	slice in strips
corteza de pay	pie crust
crema agria	sour cream
crema de cacahuate	peanut butter
crema de elote	cream corn
crema de tártaro	cream of tartar

ejotes	greens beans
elote	corn
empanizar	bread, to
engrasar, enmantequillar	grease/butter, to
enharinar	dust with flour, to
enjuagar	rinse, to
enmantequillar, engrasar	butter/grease, to
enrollar	roll up, to
envolver	fold, to
envolver	wrap, to
esparcir/espolvorear	sprinkle, to
espárragos	asparagus

adiciónales

espinaca, espinaca congelada	spinach, frozen spinach	jugo de piña	pineapple juice
extracto de almendra	almond extract		
extracto de vainilla	vanilla extract	**L**	
		lata de...	can of...
F		lavar	wash, to
fideo espagueti	spaghetti	leche	milk
fideo macarrón	macaroni noodles	leche condensada y endulzada	sweetened condensed milk
forrar con papel aluminio	line with foil, to	leche evaporada	evaporated milk
freír	fry, to	lechuga	lettuce
freír a fuego alto	sear, to	libra	pound
fresas	strawberries	licuadora	blender
frijoles negros	black beans	lomo de cerdo	pork tenderloin
frijoles rojos	red beans	lonjas de tocino	slices of bacon
G		**M**	
galletas de sal	crackers	manteca vegetal	shortening
H		mantequilla	butter
hacer capas	layer, to	marinada	marinade
hacer migas	crumble, to	marinar	marinate, to
harina	flour	mayonesa	mayonnaise
hasta que se dore	until golden brown	mazorcas de elote	corn on the cob
hervir	boil, to	mermelada	jelly
hervir a fuego lento o bajo	simmer, to	mezclar	mix, to
hoja de laurel	bay leaf	mezclar (licuar)	blend (in blender), to
hornear	bake, to	miel de abeja	honey
hueso de jamón	ham bone	molde de hornear	baking dish
huevo	egg	molde redondo tipo "Bundt"	Bundt pan
huevos duros	hard boiled eggs	moler	ground, to
		mostaza	mustard
J		mostaza Dijon	mustard, Dijon
jamón	ham	mostaza molida	ground mustard
jamón del "deli"	deli ham	**N**	
jengibre	ginger		
jugo de limón	lemon juice	nueces	nuts
jugo de limón verde	lime juice	nueces pecan	pecans

nueces de india	cashews
nuez moscada	nutmeg

O

olivas negras	olives, black
olla	pot
olla eléctrica de cocción lenta	crock-pot®
onza	ounce
orégano	oregano

P

pan	bread
pan integral	whole wheat bread
pan seco hecho migas	bread crumbs
pan tostado y cortado en cubitos	croutons
panecillos ingleses	English muffins
papas	potatoes
papas coloradas	red potatoes
papel aluminio	aluminum foil
paquete	package
paquete de tortellini	tortellini, package
parrilla, morrillos de asador	rack
pasas	raisins
pasta	pasta
pasta de tomate	tomato paste
pavo molido	ground turkey
pechuga de pollo	chicken breast
pedacitos de chocolate	chocolate chips
pedazos de nueces pecan	pecan pieces
pedazos de tocino frito, autentico en tarro	bacon bits, real
pelar	peel, to
pepino	cucumber
pepino encurtido	pickles

pepino encurtido	relish
perejil	parsley
pescado	fish
picado en cubitos	cubed
picado finamente	minced, finely chopped
picar	chop, to
picar en cubitos	dice, to
piernas de pollo	chicken drumsticks
pimienta	pepper
pimienta cayena	cayenne pepper
pimienta roja molida	red pepper, ground
pimiento	bell pepper
pizca de	pinch of
plátanos, plátanos maduros	bananas, ripe bananas
pollo	chicken
pollo asado	roast chicken
polvo de cacao	cocoa powder
polvo de hornear	baking powder
potaje	stew
preparar	prepare, to
pudín instantáneo sabor vainilla	instant vanilla pudding
pudín sabor vainilla	vanilla pudding
puré de tomate	tomato puree

Q

queso	cheese
queso americano	American cheese
queso azul	blue cheese
queso cheddar rallado	cheddar cheese, shredded
queso crema	cream cheese
queso feta	feta cheese
queso parmesano	Parmesan cheese
queso ricota	ricotta cheese
queso suizo	Swiss cheese

adiciónales

R

rábano picante	horseradish
rábanos	radishes
rallado	grated
raspar las zanahorias	shred the carrots
rebanada	slice
rebanadas de almendras	almond slices
rebanadas de plátano	banana slices
recipiente para microondas	microwave safe dish
reducir	reduce, to
reducir el fuego	reduce heat, to
refrigerar	chill, to
refrigerar	refrigerate
rellenar	fill/stuff, to
rellenar	stuff/fill, to
relleno	filling
relleno de moras para pay	blueberry pie filling
remojar	soak, to
retirar	remove, to
retoños de bambú	bamboo shoots
retoños de bambú	bamboo shoots
revolver	stir, to
revolver levemente	toss, to
rociar	spray, to
rollos de pan	dinner rolls
romero	rosemary

S

sacar	take out/away, to
sacar con cuchara	spoon, to
sal	salt
sal de ajo	garlic salt
salchichas	sausage links
salmón	salmon
salsa de barbacoa	barbecue sauce
salsa de chiles verdes	green chili sauce
salsa de pizza	pizza sauce
salsa de soya	soy sauce
salsa de spaghetti	spaghetti sauce
salsa de tomate, lata de	tomato sauce (canned)
salsa inglesa "Worcestershire"	Worcestershire sauce
salsa para pasta	pasta sauce
salsa pesto	pesto
salsa picante	picante sauce
salvia	sage
sartén	skillet
sazón,	seasoning
sazona de taco	taco seasoning
sazona Italiana	Italian seasoning
sazonado limón-pimienta	lemon pepper seasoning
sazonar, aliñar	season, to
separar	separate, to
separar a un lado	set aside
servir	serve, to
sin hornear	unbaked
sobras	leftovers
sobre	on top of
sobre de "chili mix"	chili mix
sofreír	sauté
sopa de champiñones	mushroom soup
suero de leche	buttermilk
sumergir	dip, to
sustituto de huevo	egg substitute

T

tallos de apio	celery stalks

pages

tamizar	sift, to
tapar	cover (a pot), to
tapar flojamente	loosely cover
taza	cup
toallas de papel	paper towels
tocino	bacon
tocino, desmenuzado	bacon, crumbled
tomate	tomato
tomates secos dentro aceite	sun dried tomatoes
tomillo	thyme
tortillas de harina	flour tortillas
tortillas de maíz	corn tortillas
tortillas de trigo integral	whole wheat tortillas
tortillas fritas	tortilla chips

U

untar	spread, to
uvas rojas o verdes	grapes, red or green

V

vainilla	vanilla
vegetales congelados	frozen vegetables
verter	pour, to
vinagre	vinegar
vinagre balsámico	balsamic vinegar
vinagre blanca	white vinegar
vinagre de sidra de manzana	apple cider vinegar

Y

yogur	yogurt
yogur de vainilla	vanilla yogurt
yogur natural	plain yogurt

Z

zanahorias	carrots

paginas adiciónales

paginas adiciónales

additional pages

additional pages

páginas adicionales

paginas adiciónales

additional pages

paginas adiciónales

additional pages

paginas adiciónales

additional pages

W

paginas
adiciónales

Acknowledgements

To our wonderful husbands, Chris, Merritt and Kenny, your unconditional love gave us strength to balance family and work. We thank you for your patience, ideas and encouraging words throughout the creation of this book.

To our beautiful children, Billy, Gigi, Merritt, Daniel, William, Gabriel and Anthony, thank you for the love and hugs you give to us each day. Your enthusiasm for the project always kept us going. But most of all, we thank you for your willingness to taste these and many other recipes. You gave us your honest opinions and we are so blessed to have you as our children.

To our parents, for all of the love and support you have given us during this project. We appreciate all the time you spent testing recipes, editing, taking pictures and listening to us as we worked out the details.

To Pegge Healy, thank you for your love and dedication to our project. Your appreciation of cooking is what inspired me to take on this challenge.

To Gigi Haltom for sharing so many of your delicious recipes with us. Thank you for enthusiastically reading through our cookbook, testing our recipes and supporting me along the way.

To Magdalena and Tony Grijalva, thank you for encouraging me to hold on to our Spanish language and showing me the benefits of being bilingual.

To Fabi Voigt, Rebecca Dunlap, Magdalena and Tony Grijalva, thank you for your tireless efforts in helping to research and edit the Spanish portion of this book.

To Kim Graham, thank you for taking time to edit the entire book. You gave us valuable input that helped in the final stages.

To Tysh Mefferd for answering all our business questions and giving us advice on marketing our cookbook. You provided many valuable suggestions.

To Michelle Shetler for help in developing and testing the recipes. Thank you for sharing so much helpful information about nannies and tips that help get the cooking started in the kitchen.

To Meg Healy, Melissa Healy, Grayson Clarke and Marci Reistroffer, thank you for your excellent ideas and encouraging us to keep moving forward with the project.

To Meredith Rall who is so great stringing words together on paper. Thank you for your valuable time spent looking over our book, sharing your home with us and testing our recipes.

To illustrator and graphic design artist J. Michael Stovall, thank you for sharing your artistic gifts with us and for your patience as we made up our minds and then changed them again.

To Mike Svat with Willow Street Publishing, thank you for your expert advice and assistance in publishing our book.

To Tom Rusnak thank you for your creative expertise and encouragement throughout this project.

Our book took a long time to create and we would like to give thanks to the following friends and family members who helped by sharing and testing recipes, letting us work with your nannies or offering advice and moral support:

Margo Adams	Frank Dragna	Kim Healy	Amy Loukas	Cydney Padon
Renee Allcorn	Tamara East	Cass Hebert	Sharon Lundgren	Jacque Roll
Janna Altmann	Lori Edwards	Michelle Heinz	Kelly Madden	Allison Shaw
Courtney Anderson	Becca Ehlers	Lisa Hinds	Sara Mallon	Georgia Stewart
Debbie Autenreith	Becky Elder	Hillary Hobbs	Colleen McCampbell	Nancy Stout
Dina Bahramipour	Janis Elmore	Jill Hudson	Tina McElyea	Kelsey Talbert
Kristi Barnhill	Lauren Epley	Ashley Johnson	Amanda McGee	Jennifer Tellepsen
Tissie Bean	Jenny Fett	Christina Kanno	Angie McGinnis	Susan Titterington
Lorraine Becker	Cathy Finck	Courtney Kearns	Kristi Montgomery	Virginia Tomlinson
Christen Bernard	Staci Flemming	Mary Kearns	Laura Mullins	Tighe Tucker
Marilyn Cannon	Jaimee Fulton	Stacey Kearns	Katie Nance	Shelley Vandegrift
Jayne Casey	Sharon Gilbert	Tim Kearns	Ann Novero	Cara Vann
Tami Casteel	Courtney Grigsby	Mandy Kelvin	Jennifer O'Donnell	Carol Waymire
Ann Cochran	Tami Gust	Carina Kinton	Courtney O'Neil	Dave Waymire
Melissa Cook	Ann Haltom	Erin Klenke	Laura Otillar	Susan Weber
Brenda Crockett	David Harris	Lesley Krivan	Debbie Owen	Melanie Whatley
Heather Crosswell	Jackie Harrison	Ginny Langenkamp	Jennifer Owen	Dena Williams
Karin Donovan	James Healy	Becky Lee	Julie Owen	Ashley Zahn

We hope you enjoyed our cookbook.
To order additional copies, please contact us at
info@porfavornanny.com